BIOGRAFISCHE
EPISODEN
AUS VERSCHIEDENEN
DEUTSCHLANDS

GERD MÜLLER-HAGEN

novum pro

Dieses Buch ist auch als
e-book
erhältlich.

w w w . n o v u m v e r l a g . c o m

Bibliografische Information
der Deutschen Nationalbibliothek:

Die Deutsche Nationalbibliothek
verzeichnet diese Publikation in
der Deutschen Nationalbibliografie.
Detaillierte bibliografische Daten
sind im Internet über
http://www.d-nb.de abrufbar.

Gedruckt in der Europäischen Union
auf umweltfreundlichem, chlor- und
säurefrei gebleichtem Papier.

© 2024 novum Verlag

ISBN 978-3-99146-542-3
Lektorat: CB
Umschlagfoto: Christian Kruschinske
Umschlaggestaltung, Layout & Satz:
novum Verlag
Innenabbildungen: Christian Kruschinske,
Gerd Müller-Hagen
Autorenfoto: Foto Schröder

Die vom Autor zur Verfügung gestellten
Abbildungen wurden in der bestmög-
lichen Qualität gedruckt.

www.novumverlag.com

Druckprodukt mit finanziellem
Klimabeitrag
ClimatePartner.com/16547-2311-1001

Biografische Episoden aus verschiedenen Deutschlands

Ich bin fast 80 Jahre alt und durfte unterschiedliche Deutschlands erleben.

Diese Deutschlands sind die Nachkriegszeit bis 1949, die DDR und teilweise die BRD von 1949 bis 1990 sowie das vereinte Deutschland ab 1990.

„Verschieden" im Sinne von „verstorben" bedeutet auch nicht mehr existierend. Das trifft für die Deutschlands bis 1990 zu.

Aber was nicht mehr existiert, ist keineswegs gänzlich vergangen. Es hat Erfahrungen geprägt und damit Denken und Verhaltensweisen – bis heute.

Die DDR trat der BRD bei. Deshalb und auch weil Führungsebenen im Osten überproportional in westdeutscher Hand sind, war und ist für Ostdeutsche der Anpassungsdruck bezüglich Denken und Verhaltensweisen erheblich größer als für Westdeutsche, denen ein solches Erfordernis oft gar nicht bewusst ist.

Inhaltsverzeichnis

1 Flucht aus Schlesien 11
2 Wohnverhältnisse für eine Flüchtlingsfamilie
auf dem Lande 21
3 Erste Grenzüberschreitung 23
4 Die 50er-Jahre 25
5 Erste Reise allein nach Westberlin 23
6 Erster Flug und ein Angebot 31
7 Lehrzeit 33
8 Beginn des Chemiestudiums an der Technischen
Hochschule für Chemie Leuna-Merseburg 37
9 Absturz 39
10 Zwei Prozesse am Bezirksgericht Dresden 45
11 Bewährung in der sozialistischen Landwirtschaft . . . 49
12 Erster Besuch in der „alten Heimat" 53
13 Wiederaufnahme des Studiums und
die Fußballweltmeisterschaft in England 1966 55
14 Auslandspraktikum in Polen 57
15 Vom Wintersport zur
„operativen Personenkontrolle" 59
16 Forschungsstudent an der TH für Chemie
„Carl Schorlemmer" in Leuna-Merseburg 61
17 Einstieg ins Berufsleben 67
18 Glücklicher Irrtum 69
19 Noch eine „operative Personenkontrolle"
durch das Ministerium für Staatssicherheit
und eine Tagung in Leipzig 71
20 Familiengründung mit Erfolgen
und Eigentümlichkeiten 75
21 Eine letzte Reservistenübung 78
22 Ein Rechtsstreit mit dem Arbeitgeber
VEB Synthesewerk Schwarzheide 80

23 Wahlversprechen in der DDR 82
24 Westreisen, erlaubt und auch illegal –
    durchaus mit Stress 84
25 Die 1980er-Jahre 88
26 Runder Tisch und die Folgen 90
27 Bürgerkomitee 94
28 Vor der Übernahme 1990 96
29 Personalabbau 98
30 Als Gruppenführer im Kunststofflabor
    der BASF Ludwigshafen 99
31 Englisch lernen 104
32 Einsicht in meine Stasi-Akten –
    Erleichterung und Seelenschmerz 107
33 Mitglied im Bundesvorstand des VAA 1995–1997 110
34 Mitarbeit im Arbeitgeberverband Chemie Nordost 112
35 Arbeit als Leiter von Produktionsabteilungen
    in der BASF Schwarzheide 114
36 Bereich Forschung in der BASF Schwarzheide 116
37 Schließung des Bereichs Forschung
    in der BASF Schwarzheide 120
38 Gestaltung des „Lebensabends",
    zunächst als Chemiker 122
39 Beteiligung an der Entwicklung
    der heimatlichen Gemeinde Großkmehlen 124

Danke 126

Ab dem Jahr 2019 habe ich versucht, eine Bilanz meiner Biografie zu ziehen. Ich wollte vor allem „unseren Kindern und noch mehr unseren Enkeln etwas hinterlassen".

Beim Schreiben konnte ich auf alte Briefe und weitere Unterlagen zurückgreifen, die mir – jetzt befreit von beruflichem und ehrenamtlichen Belastungen – so interessant und fesselnd erschienen, dass mein Bericht auch für einen größeren Personenkreis von Interesse sein sollte.

Ich berichte in kritischer, distanzierter, aber inzwischen auch entspannter und versöhnter Sicht in fast 40 biografischen Episoden über mein Leben.

Es begann kurz vor dem Ende des Zweiten Weltkriegs in Schlesien und dauerte bisher fast achtzig Jahre. Mein Leben war geprägt von den politischen Verwerfungen und Herausforderungen in Mitteleuropa, die in dieser Zeit auszuhalten waren und, wie ich jetzt bilanzierend weiß, auch genossen werden durften.

Ich lernte, wie privilegiert ich bei der Flucht durch die Pferde meines Großvaters war. Meine schlesische Familie verteilte sich über West- und Ostdeutschland. Ich wuchs in der späteren DDR in bäuerlichem Milieu auf und erlebte bei gegenseitigen Besuchen, die nach der „Mauer" vom Osten her sehr behindert waren, Unterschiede zwischen Ost und West. In der Schule fiel ich dadurch auf, nicht den „Jungen Pionieren" anzugehören, höhere Schulbildung (Besuch einer Oberschule) wurde mir deshalb verweigert. Das Angebot westdeutscher Verwandter, bei einem illegalen Besuch dortzubleiben, um ein Gymnasium zu besuchen, lehnte ich aus Verbundenheit mit meiner Ost-Familie ab. So erlernte ich von 1960 bis 1962 den Beruf eines Chemiefarbeiters und erwarb zugleich ein Abendschulabitur. Dazwischen erfolgte 1961 der Mauerbau. Ich hatte aber bis 1962 aus eigener

Kraft innerhalb der DDR eine höhere Schulbildung erworben. So konnte ich 1962 ein Chemie-Hochschulstudium beginnen und sah einer Karriere in der DDR entgegen.

Das wurde durch meine Verhaftung durch das Ministerium für Staatssicherheit unter dem Vorwurf, „Hetze" betrieben zu haben, abrupt beendet. Ich erlebte einen Stasi-Knast von innen, wurde entsprechend verurteilt und vom Studium an allen Hochschulen und Universitäten der DDR ausgeschlossen. Damit war meine Karriere in der DDR wieder auf „Anfang" mit ungewissem Ausgang gestellt.

Vom Rektor der Hochschule wurde mir die Möglichkeit in Aussicht gestellt, mich nach zwei Jahren nachweislich guter Arbeit in der sozialistischen Landwirtschaft um eine Wiederaufnahme des Studiums zu bewerben. Ich erfüllte die Bedingung zähneknirschend. Es gab keine Alternative. Mauerdurchbruch wäre nicht „mein Ding" gewesen. Ich setzte das Studium unter den Augen meiner jetzt zwei Jahre im Studium weiter fortgeschrittenen ehemaligen Kommilitonen bis zur Promotion fort.

Ich wusste auch ohne direkten Beweis, dass ich – obwohl angeblich rehabilitiert – unter besonderer „Pflege" durch das Ministerium für Staatssicherheit stand und versuchte, mich entsprechend zu verhalten. Das gelang mir weitgehend, aber nicht gänzlich, wie einige Episoden meines Buches zeigen. Ich trat nicht in die regierende Staatspartei der DDR ein und konnte, wohl um die dadurch eingeschränkten Karrieremöglichkeiten wissend, einigermaßen erfolgreich in der Chemieindustrie arbeiten.

1 Flucht aus Schlesien

Ich wurde am 9. April 1944, einem Ostersonntag, in Neusalz an der Oder (Schlesien) durch meinen Großvater Dr. Rudolf Müller-Hagen, der als Chirurg das dort befindliche Krankenhaus leitete, entbunden. Seine Frau, Großmutter Hanna Müller-Hagen, assistierte ihm als ausgebildete Johanniter-Krankenschwester dabei.

Meine Mutter, Sigrid Müller-Hagen, geborene Peukert lebte damals zusammen mit ihrem Vater Max Peukert und ihrer 14-jährigen Schwester Christa Peukert in dem kleinen Dorf Guhlau bei Lüben in Schlesien. Dort hatte mein Großvater MaxPeukert als Landwirt einen Betrieb, der sich auf die Pferdezucht – Deutsches Rheinisches Kaltblut – spezialisiert hatte. Meine Mutter war eigens zur Geburt per Bahn in die Klinik ihres Schwiegervaters gefahren. Mein Vater, Adolf Müller-Hagen, fiel am 12. Juni 1944 als Oberleutnant und Pilot der Luftwaffe in Böhmen und wurde in Guhlau beerdigt. Der Bericht fußt auf Informationen, die in Briefen und Dokumenten des Jahres 1945 bezüglich der Flucht unserer Familie aus Schlesien enthalten sind. Ich bin, damals erst neun Monate alt, möglicherweise einer der letzten lebenden Teilnehmer. In meiner frühen Kindheit wurde sehr viel über dieses einschneidende Ereignis und die Folgen gesprochen.

Daran erinnere ich mich.

Später habe ich versäumt, meine Mutter konkret zu befragen. Es gab ja auch in den Jahren danach einige andere Herausforderungen, denen wir uns zu stellen hatten. Meine Mutter verstarb 1997.

Ein großer Teil der vorliegenden Briefe zu diesem Thema stammt aus ihrem Nachlass.

Anhand der in den Briefen enthaltenen Informationen, auch Daten, lassen sich Verlauf und Umstände der Flucht rekonstruieren:

Am 18. Januar 1945 stießen vor den Augen meiner Mutter über dem Gutshof Guhlau zwei deutsche Jagdflugzeuge zusammen, die eine Mannschaft kam ums Leben, die andere konnte sich mit dem Fallschirm retten. Am 22. Januar 1945 waren alle Straßen von Flüchtlingen verstopft, im Gutshaus Guhlau wurden zehn Flüchtlinge aus dem Kreis Guhrau untergebracht. An den Oderbrücken herrschten chaotische Zustände, Kanonendonner war zu hören, Ferngespräche nach Neusalz/Oder wurden nicht angenommen. Ein Pferdegespann des Gutes kehrte nicht mehr zurück. In der folgenden Nacht musste ein weiteres an den Volkssturm übergeben werden. Eine Bahnlinie wurde beschossen. Im Entenstall wurden zwei Kisten mit Silber und wertvollem Geschirr vergraben. Großvater Peukert befürchtete, dass die Beschlagnahme aller gummibereiften Wagen sowie der Pferde durch die Wehrmacht oder den Volkssturm bevorstand. Bisher waren seine Pferde – weil für die schlesische Kaltblutzucht wichtig – im Wesentlichen vom Kriegseinsatz verschont geblieben. Trotz der offensichtlich bedrohlichen Lage gab es keinen Evakuierungsbefehl für die Zivilbevölkerung.

Zum Schutz seiner 21 und 14 Jahre alten Töchter und seines neun Monate alten Enkels sorgte Großvater Peukert dafür, dass diese am 25. Januar 1945 illegal mit einem Straßentransport der Luftwaffe nach Görlitz aus der unmittelbaren Gefahrenzone entweichen konnten. Wegen dieser „wehrkraftzersetzenden Aktivität" wurde er in seiner Kreisstadt Lüben angezeigt. Wahrscheinlich war es nur dem Umstand, dass die Front schon am 26. Januar sich stark nach Westen verschob, zu verdanken, dass keine Zeit mehr vorhanden war, ihn zu bestrafen.

So aber kam an diesem Tage doch der Evakuierungsbefehl. Die befürchtete Beschlagnahme von Pferden und Gummiwagen blieb aus.

Nun hatte er mit 15 Pferden, vier Zugochsen und entsprechendem Fuhrwerk, zu dem auch ein Landauer (eine an beiden Achsen gefederte Kutsche mit Verdeck) für Mütter mit Kleinkindern gehörte, und sämtlichen Bewohnern des kleinen Dorfes binnen drei Stunden einen „Guhlauer Treck" zusammenzustellen. Als „Trecks" wurden Ende des Zweiten Weltkriegs organisierte Personentransporte zu Fluchtzwecken bezeichnet. Dieser Treck verfügte sogar über eine Feldpost- beziehungsweise Trecknummer und war vom Prinzip her postalisch erreichbar.

Somit war die Guhlauer Peukert-Familie zunächst auf der Flucht getrennt. Die Töchter mit dem Enkelsohn fuhren in einem Traktor der Luftwaffe über die Stationen Bunzlau, wo sie in einem Gaststättenquartier die demoralisierte Endzeitstimmung der einquartierten Soldaten erlebten, und Kesselbach in den Raum Görlitz. Hier bekamen sie bei einer von der Pferdezucht her bekannten Bauernfamilie in Ebersbach bei Görlitz (westlich der Neiße) am 30. Januar Quartier und wohnten dort etwa zwei Wochen. Angesichts des herrschenden strengen Schneesturm-Winters war das ein sehr günstiger Umstand.

Vom „Guhlauer Treck" aus berichtete Max Peukert in Postkarten vom 27. und 29. Januar aus Jakobsdorf und Primkenau über chaotische Zustände: „es ist furchtbar und nicht voranzukommen und keine Unterkünfte ... der Schneesturm letzte Nacht war fürchterlich ... zwei Pferde haben schon schlapp gemacht". Es wurde über den ersten Todesfall berichtet. Der Treck führte weiter über Sprottau und Rothenburg in Richtung Niesky, wo wegen Erschöpfung des Zugviehs eine Pause eingelegt werden musste. Da es inzwischen auch in Görlitz unsicher war, schlossen sich meine Mutter mit ihrem Baby und ihrer Schwester in Niesky am 13. Februar dem Guhlauer Treck an.

Meine Mutter benutzte den für Mütter mit Kleinkindern vorgesehenen Landauer nicht. Sie stellte meinen Kinderwagen auf einen der überdachten gummibereiften Wagen und hielt sich vornehmlich dort auf. Sie berichtete, dass mir das Schaukeln auf dem Gefährt sehr gefallen habe. Großvater führte den Treck vorwiegend über Nebenstraßen, um so Straßensperrungen für die Durchfahrt motorisierter Wehrmachtstransporte möglichst zu umgehen. Mehrfach musste der Treck die Tour für einige Tage unterbrechen, weil die Pferde zu überlastet und an „Druse" erkrankt waren. Dass die Logistik funktionierte, ist beeindruckend, wenn man allein an die Beschaffung der jeweiligen Nachtquartiere, die Verpflegung des Zugviehs und die schätzungsweise mindestens etwa 25 Familien denkt. Praktisch erfolgte das etwa so, dass Treckteilnehmer mit dem Fahrrad vorausfuhren und in dem jeweils als Quartier vorgesehenen Dorf den Treck ankündigten und Details mit Verantwortlichen des Orts vorbereitend absprachen.

Von Niesky aus fuhr der Treck über Guttau – von wo man den Feuerschein des bombardierten Dresden sah – und Bautzen nach Bischheim bei Kamenz und von dort über Radeburg nach Niederebersbach. Hier ist eine Übernachtung am 21. Februar 1945 durch Briefstempel belegt. Von dort aus überquerte der Treck die Elbe in Meißen und erreichte nach etwa 55 km den Ort Pinnewitz bei Lommatzsch am 2. März 1945. Hier musste zunächst wieder ein „Boxenstopp" wegen Erkrankung einiger Pferde eingelegt werden. Außerdem war es erforderlich, die bisher ungebremsten Wagen des Trecks in der Schmiede des Ortes mit mechanischen Bremsen auszurüsten, um die bevorstehenden „Bergetappen" sicher bewältigen zu können. Geplant war ein Treckverlauf bis nach Bayreuth, der durch ausgeprägt bergiges Gelände geführt hätte. Die für landwirtschaftliche Nutzung im Flachland ohne Bremse gebauten Ackerwagen konnten auf stark abschüssigen Strecken von der Muskelkraft des Zugviehs allein nicht gehalten werden.

Nachdem die Pferde wieder gesund und die Wagen mit Bremsen versorgt waren, verfügte aber der Bauernführer des Kreises Meißen am 15. März 1945, dass die Pferde und Zugochsen des Trecks im Kreis Meißen zu verbleiben haben. (Zugvieh war infolge der Kriegsverluste allgemein sehr knapp, Traktoren viel seltener als heute, teilweise auch für den Krieg beschlagnahmt, die Spritversorgung problematisch.) Sie sollten hier für die Frühjahrsbestellung eingesetzt werden, um „den Endsieg" zu sichern. Alle Gespannführer hatten zusammen mit ihren Familien bei ihren Tieren zu verbleiben. Die anderen Teilnehmer des Trecks wurden per Deutscher Reichsbahn weiter nach Bayreuth verschickt. Dem Vernehmen nach siedelten sich schließlich viele von ihnen im Raum Bogen/Bayern an.

Großvater wurde als Verwalter auf dem Rittergut des Herrn von Ivernois in Pinnewitz eingesetzt und bekam mit seiner Familie in dem kleinen Schloss eine Zweizimmerwohnung mit eingerichteter Küche und sogar einem kleinen Garten zugewiesen. Über mein Ergehen wird berichtet, dass ich den Treck, abgesehen von einem als „Milchschorf" bezeichneten Hautausschlag, gut überstanden habe. Ich habe bis heute mit Hautausschlägen zu tun, die von den Hautärzten aber mit anderen Begriffen bezeichnet werden. In Pinnewitz habe ich Laufen gelernt. Hier erfuhr meine Mutter erstmals, dass die Müller-Hagens aus Neusalz/Oder in Köthen/Anhalt, der Heimat meines Großvaters Rudolf Müller-Hagen, untergekommen waren. In den Berichten über die Flucht, die ich später hörte, waren die etwa acht Wochen in Pinnewitz so etwas wie ein „Idyll im Schwebezustand der Ungewissheit".

Das änderte sich mit Artilleriebeschuss durch die heranrückende Front am 26. April. Pinnewitz musste fluchtartig verlassen werden, die langsameren Zugochsen und einige Wagen verblieben in Pinnewitz, der Treck war ja deutlich kleiner geworden. Man erreichte Ossig im Kreis Döbeln, quartierte sich dort ein und hoffte, wieder nach Pinnewitz zurückzukommen. Daraus wurde nichts, am 6. Mai musste der Treck, wieder unmittelbar von der Front verfolgt, weiter in Richtung Westen. Am 7. Mai war man erfreut, nach mehr als 300 km Flucht in Königshain bei Mittweida zunächst „beim Amerikaner" angekommen zu sein. Dort blieb man in einem guten Quartier für etwa zwei Wochen. In dieser Zeit erfolgte die Übergabe an die sowjetische Armee. Von Plünderungen blieb man zunächst verschont.

Da der Krieg nun beendet war, versteckte Großvater seine Pistole bei unserem Wirt im Taubenschlag. Die Wertsachen ließ man ebenfalls dort, um Unwägbarkeiten auf der Heimreise zu entgehen (Bei Kontrollen durch die Rote Armee hätte sich ein Waffenfund verhängnisvoll für den Besitzer ausgewirkt, Wertsachen wären Plünderungen zum Opfer gefallen). Die Heimreise verlief wegen des viel kleineren Trecks, nicht mehr überfüllter Straßen, der jetzt mit Bremsen ausgerüsteten Gefährte und der deutlich besseren sommerlichen Straßenverhältnisse sehr zügig. Großvater hatte einen ähnlichen Straßenverlauf gewählt, jedenfalls fuhren wir wieder über Pinnewitz und Bischheim. Ziel war Guhlau. Großvater wollte trotz der Meldungen über weitgehende Zerstörungen in Guhlau, die zutrafen, die Felder bestellen. Es drohte ja Hunger. Er hatte noch genügend Pferde und Gespannführer, obwohl auf der Rückfahrt insgesamt fünf Pferde mit vorgehaltener Waffe von Soldaten der Sowjetarmee entwendet worden waren.

Doch es kam anders. Am 2. Juni 1945 begegneten die „Heimkehrer" in Reichenbach/Oberlausitz, also 15 km vor Görlitz, einer Kuhherde, die von deutschen Mädchen auf Befehl der sowjetischen Armee betreut, das heißt gehütet und gemolken, werden musste. Diese berichteten, dass alle Neißebrücken zerstört oder gesperrt sind. Deshalb musste die Fahrt in Ebersbach bei Görlitz beendet werden. Der Treck wurde aufgelöst, die Familie Peukert kam bei den gleichen Wirtsleuten wie im Januar unter.

Es wurde in diesen Tagen sehr bedauert, das Ziel der Reise, die Heimkehr, nicht geschafft zu haben. Heute wissen wir, dass eine erfolgreiche Überquerung der Neiße nicht zur Heimkehr, sondern zu völliger Beschlagnahme des Eigentums und Vertreibung unter Mitnahme lediglich von Handgepäck geführt hätte.

Der ungewollte Neuanfang in Ebersbach war dadurch, dass Großvater nicht nur seine Fachkenntnisse, sondern auch Arbeitsfähigkeit durch Zugvieh und Gespannführer einbringen konnte, begünstigt. Die Landwirtschaft in dieser Region hatte nach Kriegsende infolge von Kriegsverlusten, Beschlagnahmen und Plünderungen kaum noch Zugvieh. Die Bestellung der Felder war ins Stocken geraten. Seine bald auf mehrere Dörfer verteilten Pferde halfen dabei, die Bestellung der teilweise verwahrlosten Felder zu sichern.

Außerdem konnte er durch Einsatz seiner hochdotierten Hengste auch einen wichtigen Beitrag zum Wiederaufbau der damals für die Landwirtschaft noch essenziellen Pferdezucht leisten.

Auf meine Nachfrage teilte das Landgestüt Moritzburg bei Dresden im Jahre 2021 mit, dass dort bis 1970 insgesamt 14 Hengste verzeichnet sind, die als Nachkommen Peukertscher Zucht im Einsatz standen. Der erfolgreichste hieß „Maikönig von der Landstraße". Das „von der Landstraße" weist auf die Umstände seiner Geburt im Mai 1945 in einem Straßengraben aus einem Flüchtlingstreck heraus hin. Nach der Ankunft in Ebersbach am 2. Juni wurde Großvater sofort durch Aussaat geeigneter Feldfrüchte aktiv und konnte so schon im September durch Lieferung von Essbarem (Rapsblätter und grüne Peluschken) Hilfe für die extrem hungernde Bevölkerung von Görlitz leisten. Trotz dieser genannten günstigen Umstände war der Neuanfang ein tiefgehender, komplizierter Umbruch mit Gefahren und Unsicherheiten.

Ein Brief meiner Mutter an ihre Schwiegermutter vom 3. September 1945 vermittelt einen Eindruck über die erhebliche Unsicherheit in der Nachkriegszeit:

„Meine liebe Mutter!

Da morgen Gelegenheit nach Dessau ist, will ich schnell noch einige Zeilen schreiben. Heute kam Dein Brief vom 06.08., für den ich Dir herzlich danke. Die Sachen, die Du im April an mich schicktest, werden wir wohl nicht mehr wiedersehen. Das ist ja wieder ein großer Verlust, denn ich hatte recht gute

Sachen darin. Es kommt ja allerdings schon nicht mehr so darauf an, denn eines Tages haben wir nur das, das wir auf dem Leibe tragen. Vati geht es heute schon so. Wir haben einen aufregenden Nachmittag hinter uns. Auf dem Feld wollten betrunkene Russen das Rad meines Vaters haben und schossen mit der MPi auf ihn, der Schuss ging vor ihm in den Sand, so dass er nur ein dickes Gesicht von den Steinen bekommen hat. Gleich darauf kamen sie von einem Deutschen geleitet und verlangten nach ihm in den Hof und ins Haus und verdroschen die alte Frau Schumann (ich war im Garten und holte Christa aus dem Fenster heraus und wir entflohen). Die Russen schossen im Haus und durchwühlten unsere Wohnung. Sie nahmen Vatis und Herrn Royzikis Anzüge, mein schwarzes Kostüm, 2 Blusen, meine Uhr und meine Lederjacke mit und verschwanden. Da keine Besatzung hier ist, kriegt man nicht geholfen. – Sonst ist alles beim Alten, ich schickte heute erst einen Brief an Dich ab. – Die Yorkstraße, wo noch Sachen von Dir sein sollen, liegt jenseits der Neiße. Ich wollte schon oft nach Haus fahren, um zu den Gräbern zu gehen und nach allem zu sehen. Ich kann und will aber nicht von Gerd-Adolf weg und jetzt ist es auch gar nicht mehr möglich, rüber zu kommen.

Heute war noch mal herrliches Wetter. Es ist ja auch draußen sehr viel Arbeit. Bisher wurden Rapsblätter als Gemüse verkauft und jetzt neuerdings grüne Peluschken.

Nun sei Du meine liebe Mutter, Vater, Käthe und Rudi herzlichst gegrüßt von Eurer Sigrid"

Solche Ereignisse waren typisch und wiederholten sich. Vermutlich aus diesem Grund hatte ich noch bis 1949 panische Angst vor Männern in Uniformen. Das bedrückendste Ereignis aber war der Abtransport der gesamten Familie auf einem Pferdewagen zum Verhör des Großvaters. Man übernachtete zunächst auf dem Wagen. Dann stellte die Bäuerin, auf deren Hof sich die Kommandantur eingerichtet hatte, ihr Wohnzimmer zur Verfügung. Es drohten vollständige Enteignung und Abtransport in die Sowjetunion. Schließlich blieb uns dieses Schicksal erspart, weil im Verhör ein polnischer Kutscher, der immer noch dem Rest des „Guhlauer Trecks" in Ebersbach angehörte, positiv aussagte und Großvater schon 1942 aus der NSDAP ausgetreten war und alle politischen Funktionen niedergelegt hatte. Der Pferdewagen durfte wieder zurückfahren und meine Mutter konnte Bündel mit Briefen und Dokumenten, die sie auf der Hinfahrt – wegen drohender Verbannung – in ein Kornfeld geworfen hatte, wieder an sich nehmen.

Trotz aller Erschütterungen ging es uns vergleichsweise gut. Wir hatten schon im Sommer neben den geretteten Pferden eine geborgte Kuh, ein Ferkel und zwei Kaninchen zur Verfügung. Ab Oktober 1945 hatte Großvater als „Bezirksbeirat" sieben Dörfer zu betreuen. Ein Anfang war gemacht.

Eine Aufstellung vom 17. November 1945 nennt die in Ebersbach gestrandeten insgesamt 37 Flüchtlinge des „Guhlauer Trecks". Davon waren 16 Kinder. Fünf Personen hatten noch keine Aufenthaltsgenehmigung.

Es ging mir, gemessen am allgemeinen Flüchtlingselend im Zweiten Weltkrieg und danach – besonders als Kleinkind – sehr gut.

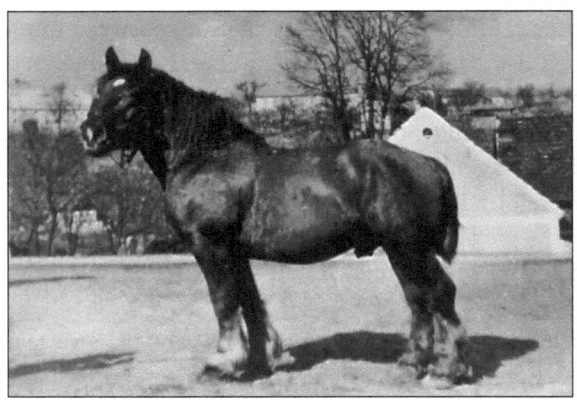

Hengst „Mommsen", der zu den Zugpferden des Trecks vom 26. Januar 1945 aus Guhlau bei Lüben gehörte und diesen über die beschriebene Wegstrecke bis nach Ebersbach bei Görlitz Anfang Juni 1945 treu begleitete. Ab 1948 stand er im Landgestüt Moritzburg im Zuchteinsatz und hinterließ dort neun für die Zucht gekörte Hengste. Der erfolgreichste war der Hengst „Maikönig v. d. L.", der noch von Max Peukert gezüchtet worden war und der während der Flucht am 18. Mai 1945 im Straßengraben neben einer Landstraße geboren werden musste, worauf sich die Abkürzung „von der Landstraße" bezieht.

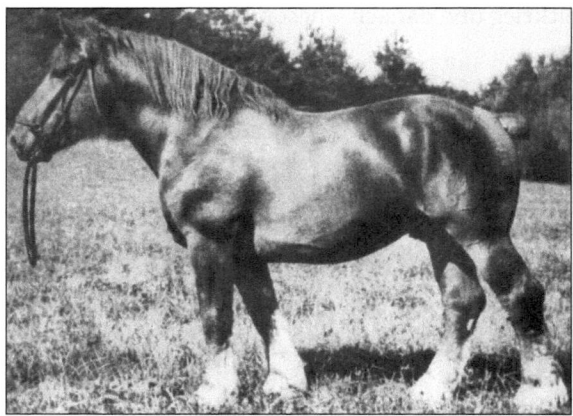

Hengst „Maikönig von der Landstraße". Er war Vater von vier Landbeschälern, die bis 1970 im Gestüt Moritzburg im Einsatz waren.

2 Wohnverhältnisse für eine Flüchtlingsfamilie auf dem Lande

Die Eingliederung der Flüchtlinge in den bestehenden Wohnungsbestand der nicht von Vertreibung betroffenen Stammbewohner musste von den örtlichen Verwaltungen organisiert werden und unterlag strengen Regularien. Zunächst war eine Zuzugsgenehmigung erforderlich. Auf dieser Grundlage erfolgte die Zwangseinweisung der Flüchtlinge in den bestehenden Wohnungsbestand. Das bedeutete natürlich für die Altbewohner eine erhebliche Einschränkung der gewohnten Lebensqualität. Das führte zu Spannungen. Ich erinnere mich, dass der örtliche Bäcker Brötchen „nur für Einheimische" anbieten wollte. Natürlich waren die Wohnverhältnisse der Vertriebenen sehr von Provisorien gekennzeichnet und für lange Zeit schlechter als die der Einheimischen.

Meine Mutter war sehr stolz darauf, in Ebersbach bei Görlitz im Jahre 1948 eine Einweisung in eine bessere Wohnung bekommen zu haben. Die noch beschränkteren Wohnbedingungen ab 1945 kann ich aus meiner Erinnerung nicht beschreiben. Sie bekam eine Küche mit angeschlossenem Schlafzimmer. Über einen großen Hausflur, den elf weitere Mieter mitbenutzten und der zur Unterbringung von Fahrrädern und Motorrädern diente, war ein „Wohnzimmer" zu erreichen, das Großvater als Schlafzimmer benutzte. Es gab elektrischen Strom, aber kein Wasser. Das musste aus einer Pumpe auf dem Vierseitenhof beschafft werden. Die einzige Toilette für die insgesamt 14 Personen – ein Plumpsklo – stand neben dem Misthaufen auf dem Hof. Der Hof wurde besonders sonntags von allen Seiten verschlossen. Bettlern aus der hungernden Stadt Görlitz, die mit damals etwa 100 000 Bewohnern völlig überfüllt war, sollte der Zutritt erschwert werden.

Meine Mutter hatte „gesiedelt", sich also an der Bodenreform beteiligt. Sie bewirtschaftete als alleinstehende Frau etwa 6 ha Ackerland, das weit verstreut war.

Das Großvieh ihres „Neubauernhofes" (Rinder, Schweine) war etwa 1 km entfernt mietweise in einem Stall gemeinsam mit zwei Pferden des Großvaters untergebracht. Das Kleinvieh (Kaninchen, Hühner, Enten) kam in einem Schuppen neben der Wohnung unter. Hier hatte ich schon bald, wie ich alten Briefen entnehmen kann, einige Betreuungsaufgaben.

Nach langem Kampf hatte meine Mutter eine Genehmigung für den Neubau eines Neubauernhauses (Wohnhaus mit angeschlossenem Stallteil) sowie eine entsprechende Bauholzzuteilung erhalten. Aber Großvater wurde krank und verstarb. Meine Mutter gab ihr Neubauernprojekt auf und verkaufte den größten Teil ihres Viehs, zog um nach Lawalde und heiratete dort in einen bestehenden landwirtschaftlichen Betrieb ein. Dort war wirtschaftlich eine bessere Basis vorhanden. Die Wohnverhältnisse verbesserten sich dabei aber nicht wesentlich. Das Wohnhaus war ein 200 Jahre altes Kleinbauernhaus, in dem neben Wohnräumen Kuhstall, Hühnerstall, Schweinestall, Schuppen und ein Heuboden untergebracht waren. Vom Hausflur aus, in dem der einzige Wasseranschluss des Hauses vorhanden war, ging es links in den Kuhstall und rechts in eine Wohnküche, dem einzigen beheizbaren Raum. Im ersten Stock gab es vier nicht heizbare Kammern ohne Doppelfenster. Die massive Trockentoilette befand sich auf dem Hof.

Stiefvater und Stiefopa waren heftige Raucher. Daher war dieser Raum im Winter heftig verqualmt. Bei mir führte das dazu, dass ich meinen Nachhauseweg nach der Schule gern verlängerte, um diese Belastung abzukürzen.

3 Erste Grenzüberschreitung

Christa, die Schwester meiner Mutter, war 1947 von Ebersbach nach Nürnberg übergesiedelt, um ihrem späteren Mann in seine Heimatstadt zu folgen.

Im Frühjahr 1949 war dort deren Sohn geboren und meine Mutter wollte ihre Schwester und ihren neugeborenen Neffen dort treffen. Sie beantragte für ihren „Westbesuch" die schon damals erforderliche behördliche Genehmigung. Da diese Genehmigung ausblieb, wurde beschlossen, mithilfe eines „Grenzgängers" im Spätsommer 1949 die Grenze zwischen Thüringen und Bayern illegal zu überwinden. Sie fuhr mit mir zur thüringischen Grenzstation Probstzella und sah sich dort nach einem Grenzgänger um, der ihr gegen ein Handgeld den „sicheren Weg" für den Grenzübertritt wies. Dieser Weg führte über Wiesen, auf denen Herbstzeitlose blühten, und über einen Graben in Richtung eines Bahndamms. Ich verspürte sehr zum Missvergnügen meiner Mutter einen Drang, in den Graben zu pinkeln. Es war der Grenzgraben, sie drängte zur Eile. Ich kann mich nicht mehr daran erinnern, wie lang der Weg entlang des Bahndamms bis zur ersten kleinen Station dauerte. Der Bahnsteig war leer, meine Mutter ging in das Dienstzimmer des Bahnbeamten, um sich über die Weiterreise nach Nürnberg zu informieren. Nun betrat ein Uniformierter den Bahnsteig. Ich konnte nicht erkennen, welcher Armee er angehörte, wusste damals wohl auch nicht, dass Bayern „amerikanisch" war. Ich hatte aber wie viele Nachkriegskinder große Angst, bugsierte den Koffer vor die Telefonzelle und ging hinter dem Koffer in Deckung. Groß war der Schreck meiner Mutter bei der Rückkehr vom Bahnbeamten, mich und den Koffer zunächst nicht mehr vorzufinden.

In Nürnberg selbst war ich als Dorfkind von dem intensiven Verkehr sowie von der Stadtwohnung in der Schumannstraße, von der aus man im etwa dritten Stock in einen kleinen dunklen Innenhof schauen konnte, in dem immer Wäsche zum Trocknen hing, beeindruckt. Ich musste mehrmals ermahnt werden, das Spucken aus dem Fenster in den Innenhof zu unterlassen. An den Anblick von Zerstörungen, die in der Innenstadt 1949 sicherlich noch vorherrschten, kann ich mich nicht erinnern. Vermutlich fanden Spaziergänge dort nicht statt, ich erinnere mich an einen Schrebergarten und „an den Dutzendteichen" an eine Begegnung mit einem Zug von schwarzen Soldaten, die sämtlich mir durch meine hellblonden Haare fuhren. Ich hatte keine Furcht, war aber recht beklommen.

Als ich im Jahre 2009 in Winston/Salem (USA) logierte und gemeinsam mit meiner Frau Jeanette in den Hotelpool stieg und feststellte, dass wir wegen des dort gerade stattfindenden „Blacktheater Festivals" die einzigen Weißen im sehr frequentierten Wasser waren, fühlte ich, ich muss es gestehen, mich an mein viele Jahrzehnte zurückliegendes Erlebnis in Nürnberg erinnert.

Da unsere Reise nicht legal war, hatte meine Mutter vermieden, in Nürnberg irgendein verräterisches Mitbringsel einzupacken. Allein ich legte Wert darauf, eine leere Camembert-Schachtel (rund, grüner Deckel mit weißen Champignons drauf) mitzunehmen. Schon das war kritisch. Bei der Kontrolle im Wartesaal der Deutschen Reichsbahn in Probstzella durch die kasernierte Volkspolizei wurde dieses Indiz gefunden. Meine Mutter blieb dabei, nicht „im Westen" gewesen zu sein. Der Polizist glaubte es nicht recht, ließ uns aber ziehen und sagte zum Abschluss augenzwinkernd: „Aber schön war's doch." Bedingt durch die Länge der Kontrolle wurde der Anschlusszug verpasst, meine Mutter ergatterte ein Taxi und ich erinnere mich an die Wettfahrt mit dem Zug, der vom Taxi aus wegen teilweise parallel verlaufender Straßen sichtbar war. Er war völlig überfüllt, auf den Dächern und den Treppenstufen saßen beziehungsweise standen Menschen dicht gedrängt.

Ähnliche Bilder habe ich erst wieder 2016 in Sri Lanka gesehen, als in Colombo eine Bahnlinie direkt an unserem Hotel verlief.

Sobald das Taxi den Zug überholt hatte, stiegen wir an der nächsten Haltestelle zu. Der Koffer und ich wurden durch das Fenster hereingereicht, meine Mutter musste sich über die Treppe vorkämpfen.

4 Die 50er-Jahre

Ich wurde im September 1950 in die Grundschule Ebersbach bei Görlitz aufgenommen. Dabei erfolgte eine Eintragung ins Klassenbuch, wo die Wohnanschrift und die Eltern einschließlich ihres Berufs registriert wurden. Die Eintragung nahm der Schuldirektor vor, die entsprechenden Angaben machte meine Mutter, ich stand dabei und hörte zu. Auf die Frage nach dem Beruf meines Vaters zögerte meine Mutter und fragte, ob es sich für mich später als schädlich erweisen könnte, weil mein gefallener Vater als Oberleutnant in der Luftwaffe der „faschistischen Wehrmacht" gefallen war. Der Direktor beruhigte: „Ach, Frau Müller-Hagen, in acht Jahren ..." Er räumte also der DDR in der aktuellen Ausprägung keine lange Lebensdauer ein. Wie er sich täuschte! Bis zum Ende der zweiten Klasse besuchte ich die Schule in Ebersbach, dann zogen wir nach dem Tode des Großvaters nach Lawalde bei Löbau um, wo meine Mutter ihren zweiten Mann Hellmut Philipp heiratete. In Ebersbach wie Lawalde gab es keinerlei Schulbusse, auch weite Strecken mussten zu Fuß oder, wenn die soziale Situation der Familie es erlaubte, per Fahrrad oder in den damals schneereicheren Wintern auf Skiern zurückgelegt werden. In beiden Schulen war etwa die Hälfte der Schüler Kinder von Umsiedlern, wie man Vertriebene nennen musste, und mehr als die Hälfte waren Halbwaisen, weil die Väter gefallen waren. Die „Jungen Pioniere" waren in der Schule Lawalde wichtig, außer mir war nur ein weiterer Schüler der Klasse kein Mitglied. Wir Nichtmitglieder wurden aber manchmal zu Versammlungen der Pioniere eingeladen. So erlebte ich mit, dass im festlich geschmückten Klassenzimmer im „Präsidium" der Veranstaltung ein Stuhl freigehalten wurde. Ganz im Ernst wurde erläutert, dass der Stuhl frei bleiben muss, weil dieser für Genossen Stalin vorgesehen war – er könnte ja eventuell vorbeikommen. Das fand ich recht merkwürdig und es trug nicht dazu bei, eine Mitgliedschaft bei den „Jungen Pionieren" anzustreben. Als ich etwa in der sechsten Klasse war, regte meine Mutter an, doch einzutreten, um eventuelle Nachteile für mich abzuwenden. Ich wollte das nicht, weil ich mir mit dem anderen Klassenkameraden darin einig war, nicht eintreten zu wollen. Ansonsten ging ich gern zur Schule und habe die neuen Schulbücher, die ich Ende der großen Ferien erhielt, oft mit Interesse schon vorher abends im Bett gelesen. Das sicherte mir einen Vorsprung innerhalb der Klasse – was mir in Zeugnissen bestätigt wurde –, obwohl ich bei der Erledigung der Hausaufgaben oberflächlich war. Das lag auch daran, dass ich als Familienmitglied eines Landwirtschaftsbetriebs entsprechend der damals üblichen Praxis dort Arbeitskraft war. So fand ich nach Rückkehr aus der Schule zu Hause Zettel mit aktuellen Arbeitsaufgaben auf dem Hof und dem Feld vor. Außerdem hatte ich reguläre Aufgaben bei der Betreuung des Viehs und der Pflege meiner 1953 und 1955 geborenen Brüder Knut und Christoph (Kindergarten oder Krippe waren noch nicht vorhanden). An Ferienlagern während der Sommerferien konnte ich nicht teilnehmen, weil ich bei der Ernte voll eingespannt war. Überhaupt war in dieser Zeit ein Familienurlaub für Landwirtsfamilien nahezu unvorstellbar. Entspannter war die Winterzeit, weil da keine Feldarbeit anfiel.

Der Antrag meiner Mutter bezüglich meines Besuchs einer Oberschule wurde abgelehnt. Begründung: „Neben sehr guten Leistungen ist eine aktive gesellschaftliche Mitarbeit die unbedingte Voraussetzung zur Aufnahme an die Oberschule. Diese Voraussetzung ist bei ihrem Sohn nicht gegeben, da er bisher wenig gesellschaftliche Mitarbeit zeigte." Das war offenbar die Quittung des Staates bezüglich meiner Nichtmitgliedschaft bei den „Jungen Pionieren". Sicherlich spielte dabei auch eine Rolle, dass ich an der Konfirmation und nicht an der Jugendweihe teilnahm.

Daraufhin besuchte ich von 1958 bis 1960 die Mittelschule an der Geschwister-Scholl-Oberschule in Löbau, trat in die FDJ ein und wurde stellvertretender FDJ-Gruppenleiter, um künftig bei meiner Weiterentwicklung weniger diskriminiert zu werden. Da in meiner Grundschule der Chemieunterricht oft ausgefallen war, hatte ich zunächst in der Mittelschule in Chemie einiges aufzuholen. Möglicherweise habe ich deshalb Gefallen an diesem Fach gefunden, was mich dazu bewog, mich im Anschluss an die Mittelschule 1960 in einem Chemiebetrieb um einen Ausbildungsplatz zu bewerben. 1960 war auch das Jahr der Zwangskollektivierung der Landwirtschaft, ich sah daher nicht ein, wie oben beschrieben, außerhalb meiner Ausbildung weiterhin als Hilfskraft für die – nun sozialistische – Landwirtschaft zu dienen.

Deshalb bewarb ich mich beim entferntesten Lehrbetrieb – in Schwedt an der Oder.

5 Erste Reise allein nach Westberlin

Nach dem Weihnachtsfest 1954 reiste ich erstmals allein – per Reichsbahn – nach Westberlin. Vom Gemeindeamt meines Wohnorts Lawalde erhielt ich einen formlosen Kinderausweis, auf dem auch mein Reiseziel, Berlin/Tempelhof, Burchhardstraße 32 – die Anschrift meiner Großmutter Hanna Müller-Hagen – vermerkt war. Allein reisende Kinder waren damals in der Bahn häufiger anzutreffen, oft waren sie auch sehr jung und mit einem Umhängeschild gekennzeichnet, um das Bahnpersonal zwecks eventuell nötiger Unterstützung aufmerksam zu machen. Die Reise verlief zunächst sehr glatt, der Schaffner der Reichsbahn hatte kein Problem mit mir, ebenso die Kontrolleure der Polizei, die damals Reisende von und nach Berlin scharf begutachteten. Vor der Ankunft in Berlin-Schöneweide fragte mich ein offenbar mitfühlender älterer Herr aus meinem Abteil, was denn das Endziel meiner Reise sei. Ich erzählte es ihm. Er machte mich darauf aufmerksam, dass ich hier aussteigen, durch den Tunnel gehen und auf dem nächsten Bahnsteig die S-Bahn nach Ostkreuz und von dort eine S-Bahn in Richtung Papestraße nehmen müsse. Das war für mich, aus einem kleinen Dorf kommend, durchaus eine Herausforderung. Gehorsam machte ich mich auf den Weg.

Ich vergaß, dass Großmutter mich an „der Sperre" vor dem Bahnsteig auf dem Bahnhof Berlin-Schöneweide erwartete. In dieser Zeit waren die Bahnsteige durch eine Sperre vom übrigen Bahnhof getrennt. An der Sperre stand ein Bahnbeamter und kontrollierte die gelösten Fahrkarten beziehungsweise eine vorher für etwa 20 Pfennig zu lösende Bahnsteigkarte, die zum Betreten des Bahnsteiges berechtigte. Als ich nicht erschien, ließ sie mich ausrufen, ohne Ergebnis. Inzwischen war ich wohl schon über alle Berge, fragte mich am Ostkreuz durch, erreichte den Bahnhof Papestraße, fand die Burchhardstraße 32 und klingelte dort. Es öffnete mir die Schwester meines Vaters, Käthe von Brunn. Sie arbeitete als Fürsorgerin in Schöneberg, war aber an diesem Tag zufällig nicht im Dienst und recht erstaunt. Erst einige Zeit später kam meine Großmutter, die sich sehr freute, weil sie sich zwischendurch große Sorgen gemacht und Kindesentführung befürchtet hatte. Die Tage in Westberlin waren für mich sehr beeindruckend. Ich lebte in Lawalde in recht bescheidenen Verhältnissen und das Lebensniveau in Westberlin erschien mir vor diesem Hintergrund sehr erheblich. In meiner Erinnerung fiel der Vergleich Westberlin gegenüber dem Osten 1955 glanzvoller als 1989 aus. 1955 war im Westen das Licht deutlich heller, man merkte es sofort, wenn man per S- oder U-Bahn von Ost nach West wechselte, die Rolltreppen im Westen waren leise und funktional, im Osten, wenn überhaupt vorhanden, schmal und klapprig. Nach dem Mauerfall streiften wir zu Fuß durch Kreuzberg und Wilmersdorf, wo mich der desolate Zustand einiger Straßenzüge besonders in Kreuzberg etwas ernüchterte. Licht und Rolltreppen waren 1989 in Ost und West gleichwertig. Aus Sicht von 2022 sind in Ost wie West die offensichtliche Obdachlosigkeit und die Verwahrlosung ganzer Straßenzüge – hier besonders die Rigaer Straße in Friedrichshain – bedrückend.

Großmutter hatte Kindheit und Jugend gemeinsam mit ihren Schwestern vor dem Ersten Weltkrieg in Berlin verbracht. Ihr Vater, Adolf von der Planitz (Jahrgang 1840), hatte sich aus seinem Ruhestand heraus freiwillig zum Kriegseinsatz gemeldet und wurde als General und Befehlshaber von Nachschubeinheiten im Ersten Weltkrieg eingesetzt. In Anerkennung dieses „patriotischen Verhaltens" wurden die Schwestern gemeinsam zum Empfang beim Kaiser ins Berliner Schloss geladen. Dafür musste der Hofknicks einstudiert werden.

Großmutter legte großen Wert darauf, mir historische Teile der Stadt – soweit sie nicht durch Bomben oder Abriss verloren waren – nahezubringen. Ich erinnere mich an einen Besuch im Naturkundemuseum, Spaziergänge auf der Museumsinsel und dem sehr zerstörten Gendarmenmarkt, der damals Platz der Akademie hieß. Unter den Linden wies sie darauf hin, dass Wilhelm II. als Kronprinz gegenüber der Neuen Wache von einem – wie sie es nannte – „historischen Eckfenster" auf der anderen Seite der „Linden" aus die Exaktheit des Wachwechsels kritisch beobachtete. Es ist bemerkenswert, dass die DDR diesen Wachwechsel mit allen Tamtam, Musik und Stechschritt bis zu ihrem Ende am 3. Oktober 1990 zelebrierte. Wilhelm II. hätte seine Freude daran gehabt.

Alle diese Stätten waren im Osten, was ich ein bisschen bedauerte. Vom Westen blieb zunächst nur ein Zoobesuch übrig, ich wäre auch gern dort in ein Kino gegangen. Das wurde bei späteren Besuchen nachgeholt.

6 Erster Flug und ein Angebot

Für Sommer 1960 war die Taufe von Gerhard und Sigrun, meinem jüngsten Cousin und meiner jüngsten Cousine in Schleswig-Holstein geplant. Die Familie lud mich dazu ein. Es hatte sich in der DDR herumgesprochen, dass Genehmigungen für Reisen in die Bundesrepublik restriktiv behandelt wurden, wenn es sich dabei um junge, allein stehende Personen handelte. Also beschloss der Familienrat, es gar nicht erst offiziell zu versuchen, sondern den Weg über Westberlin zu gehen. Es gab gute Verbindungen vom Flugplatz Tempelhof nach Hamburg/Fuhlsbüttel. Abendflüge waren preiswert (wahrscheinlich wegen der schlechteren Sicht für die Fluggäste) und wurden für DDR-Passagiere gegen Vorlage des Ost-Ausweises besonders günstig angeboten. Beim Einchecken war an den blauen Ost-Ausweisen deutlich zu erkennen, dass in meinem Flug – es flog eine Maschine der British European Airways – die Mehrheit der Passagiere aus der DDR war. Für die Korrespondenz mit meiner Mutter war abgesprochen, mich zur Tarnung „Ursula" zu nennen. Also wurde nach meiner Ankunft eine Postkarte nach Lawalde geschickt, auf der alle Gäste der Taufe einschließlich Ursula aufgezählt wurden. Zur Taufe waren alle Verwandten meines Vaters mit ihren Nachkommen versammelt. Sie stammten vorwiegend aus Neusalz/Oder im heutigen Polen. Bei meiner späteren Berufstätigkeit hatte ich wiederholt diese Westverwandtschaft anzugeben. Westverwandtschaft war in der „Kaderakte" kein Vorzug. Gelegentlich wurde das kritisch hinterfragt und ich konnte dieses Gespräch immer schnell beenden, wenn ich in bedauerndem Unterton sagte, dass halt nicht alle in der DDR Platz fanden. In der Verwandtschaft war bekannt, dass mir in der DDR der Besuch einer Oberschule nicht genehmigt worden war. Das wurde allgemein bedauert und der Vater der Täuflinge, Jürgen Müller-Hagen, stellte mich in verschiedenen Gymnasien in Hamburg und Schleswig-Holstein vor. Auch zeigte er mir einige landwirtschaftliche Betriebe, deren Inhaber aus der DDR gekommen waren, und stellte mir im Gespräch mit ihnen die Rahmenbedingungen vor, mit denen man als „neuer" Landwirt in Schleswig-Holstein zu rechnen hätte. Ich verstand, dass eine realistische Chance für meine Eltern als Landwirte im Westen allenfalls „Landwirtschaft im Nebenerwerb" gewesen wäre. Das erschien mir trotz der gerade in der DDR erfolgten und von vielen Bauern ablehnend erlittenen Zwangskollektivierung als keine reizvolle Alternative.

Im Frühjahr 1960 war diese „sozialistische Umgestaltung" auch in Lawalde erfolgt. Man „wählte" das aus damaliger Sicht geringste Übel, eine LPG (Landwirtschaftliche Produktionsgenossenschaft) Typ I. Hier wurden nur die Ackerflächen kollektiviert, d. h. zusammengelegt. Vieh- und Futterwirtschaft verblieb privat. Mein Stiefvater wurde Vorsitzender dieser LPG. Man gab ihr den Namen „Heimaterde", was verdeutlicht, dass man die Heimat noch nicht aufgeben wollte und darauf hoffte, hier trotz allem „überwintern" zu können.

Mir wurde vorgeschlagen, doch gleich im Westen zu bleiben und hier meine Ausbildung fortzusetzen. Ich konnte mich nicht entschließen, zu bleiben; ich hätte es als Verrat an meiner Mutter empfunden. Außerdem konnte ich mich mit der Vorstellung, auf unabsehbare Zeit meine Heimat nicht wiederzusehen, nicht anfreunden. So flog ich zurück, ließ aber den Koffer mit meinen Sachen dort – für den Fall, dass ich doch noch auf das Angebot zurückkommen würde. Dazu kam es nicht und es hatte sich nach dem Mauerbau 1961 bald ohnehin erledigt.

7 Lehrzeit

Ich hatte mich zur Ausbildung als Chemiefacharbeiter beim Erdölverarbeitungswerk Schwedt beworben, das Werk war 1960 erst im Bau, ebenso die dort auch heute noch endende Erdöl-Pipeline aus der Sowjetunion. Daher erfolgte die zweijährige Ausbildung im Mineralölwerk Lützkendorf im Geiseltal, Kreis Merseburg.

Ich kam in eine völlig neue Gegend, wohnte in einem Lehrlingswohnheim zusammen mit Lehrlingen aus dem Raum Berlin/Schwedt und in einer für mich völlig neuen, von Braunkohletagebau und Großindustrie arg gebeutelten Landschaft. Wie idyllisch das Lausitzer Bergland war, in dem ich bis dahin gelebt hatte, wurde mir nun schlagartig bewusst. Bereits am ersten Abend meinte ich, am Horizont Blitze zu sehen, und warnte die anderen Lehrlinge vor einem heraufziehenden heftigen Gewitter. Die Prophezeiung ging gründlich daneben. Die „Blitze" konnte man fast jeden Abend sehen. Sie bedeuteten kein Wetterleuchten, das ein heraufziehendes Gewitter anzeigte. Sie wurden durch Abreißfunken der elektrischen Grubenlocks verursacht. Bei Sturm sah man sie manchmal nicht, weil aufgewirbelter Braunkohlenstaub die Sicht verdunkelte. Diesen ersten Schock hatte ich schnell überwunden und genoss die gewonnene Freiheit, die besonders durch den gewaltigen Zuwachs an Freizeit durch das Ausbleiben der bisher gewöhnten Arbeitsbelastung in der elterlichen Familie und Landwirtschaft gekennzeichnet war. Die, wie ich heute weiß, sehr gute Lehrausbildung belastete mich nicht. Damals galt noch die 48-Stunden-Woche, die Arbeitswoche endete daher erst am Sonnabend um 12 Uhr. Daher waren für mich Heimfahrten am Wochenende wegen der damals langsameren Zugverbindungen nicht möglich. Um die Tage besser auszufüllen, trat ich in die Gesellschaft für Sport und Technik ein, die im Nachbarort Mücheln Pferde hatte, und ging dort – finanziert durch den geringfügigen Mitgliedsbeitrag – dreimal wöchentlich zum Reiten. Auch hatten wir bald herausgefunden, wo es gute Tanzmusik gab. Das war nicht im Kulturhaus des Werks, wo es bezüglich Musik sehr nach der geforderten DDR-Quote ging.

Favorit war der alte Gasthof in Grosskayna, der sinnigerweise „Zum grünen Tal" hieß, wo der „Lange Lehmann" mit seiner Truppe auftrat. Dort war es schon Tradition, dass vor der Pause Rock'n'Roll gespielt wurde und der Gitarrist auf das Klavier stieg und in den Gitarrenhals biss. Ach, waren wir begeistert! Dann mussten wir schon zusehen, den Rückweg in das mehrere Kilometer entfernte Lehrlingswohnheim anzutreten, oder einen Weg finden, die für uns als unter 18-Jährige geltende Sperrstunde auszuhebeln. Ende November erfuhr ich, dass die Volkshochschule in der Kreisstadt Merseburg einen Abendkurs zu Erwerb des Abiturs anbot. Ich ließ das Reiten sein und belegte zunächst Mathematik, Physik und Chemie. In Mathematik musste ich mir wegen des verspäteten Einstiegs die Differentialrechnung völlig im Selbststudium erarbeiten. Nachdem mir das gelungen war, „buchte" ich die restlichen Fächer hinzu. Russisch war das letzte Fach, das ich im Mai, ein paar Wochen vor Ende des elften Schuljahres, belegte. Die Leitung der Volkshochschule ließ das durchgehen, weil der Lehrgang von anfangs 40 Teilnehmern schon auf zehn geschrumpft war und einzugehen drohte. Die Abendschule fand Montag bis Freitag statt, es gab jeweils vier Stunden Unterricht, was aber einschließlich der Verkehrszeiten (Bus und Reichsbahn sowie entsprechenden Fußwegen) einen täglichen Aufwand von mindestens sieben Stunden bedeutete. Um das entspannt auf die Reihe zu kriegen, habe ich meinen wöchentlich fünftägigen Abendeinsatz auf einen viertägigen gesenkt und mich jeweils alternierend entschuldigt, sodass meine Fehlstunden sich homogen verteilten und so wenig auffielen. Der Unterricht an der Abendschule war – bedingt durch die Qualität der Lehrkräfte und die immer überschaubarere Teilnehmerzahl – hervorragend. Jeder konnte zu jeder Zeit und direkt seine Fragen loswerden, was ja in der Regelschule mit Klassenstärken um 30 Schüler nicht realisierbar ist. In der DDR gab es das Zentralabitur, auch wir Abendschüler hatten zur gleichen Uhrzeit an demselben Tag wie die regulären Abiturienten die gleichen Arbeiten zu schreiben. In meinem Fall gab es Überschneidungen mit der im gleichen Zeitraum fälligen Facharbeiterprüfung. Deshalb musste ich an einem Tag ein Taxi buchen, um die Termine schaffen zu können. Sieben Abendschüler nahmen an den Abiturprüfungen teil, sechs bestanden.

Die Berufsausbildung zum Chemiefacharbeiter war zunächst gekennzeichnet durch ein achtwöchiges Laborpraktikum, jeder Lehrling hatte hier einen eigenen Laborstand, ein Luxus, den keine Oberschule der DDR bieten konnte. Dann schloss sich ein je achtwöchiger Grundkurs für Schlosserei und Mess- und Regelungstechnik an. In der zweiten Jahreshälfte fand ein Rundlauf durch verschiedene Betriebe des Werks statt, das nächste Halbjahr wurde orientierend in dem für die Facharbeiterarbeit vorgesehenen Betrieb des Werkes verbracht, während im letzten Halbjahr die Themenstellung für den praktischen Teil der Facharbeiterarbeit bearbeitet und verteidigt wurde. Es gab einen guten Sportunterricht – im Sommer Leichtathletik und im Winter Geräteturnen. Im Wehrkundeunterricht wurde heftig marschiert und gesungen („Spaniens Himmel breitet seine Sterne über unsre Schützengräben aus ... Auf, auf zum Kampf, zum Kampf sind wir geboren, dem Karl Liebknecht, dem haben wir's geschworen ..."). Auch Luftgewehrschießen war dabei und Nahkampf wurde geübt. Dabei mussten wir mit Gewehr-Attrappen, die auch mit einem Bajonett ausgerüstet waren, gegen menschlich aussehende Puppen vorgehen. Wesentlich für eine positive Bewertung dieser Übung war, dass nach tiefem Stich in die Puppe das Bajonett um mindestens 90 Grad gedreht wurde. Nur so konnte dem Feind eine ausreichende Verletzung beigebracht werden!

Mitten in die Lehrzeit fiel die Errichtung des „Antifaschistischen Schutzwalls" in Berlin am 13. August 1961. Nachdem somit eine direkte Berührung mit dem „Klassenfeind" ausgeschlossen war, wurden die Bemühungen verstärkt, im Einflussbereich des Staates Westkontakte über Rundfunksendungen zu unterbinden. In vielen Zimmern des Lehrlingswohnheims standen private Rundfunkempfänger, bei denen es eine freie Senderwahl gab, sofern der Empfang trotz Störsendern möglich war. Nach meiner Erinnerung war der Empfang des RIAS (Rundfunk im amerikanischen Sektor von Berlin) so gestört, dass man auf den Empfang dieses Senders eher verzichtete. Offenbar war die Heimleitung aufgefordert worden, durch geeignete Maßnahmen den privaten Empfang von Westsendern durch die Lehrlinge zu unterbinden. Viele private Radios der Lehrlinge (auch meines) waren bei der Post nicht angemeldet. So kam die Heimleitung auf die Idee, diese Geräte zu beschlagnahmen. Als die Heimleiterin eines Abends dies versuchte, war ich wegen Besuchs der Abendschule nicht anwesend. Mein netter Mitbewohner weigerte sich, das Radio herauszugeben, weil es ja mir und nicht ihm gehörte. Er fuhr sofort mit seinem Motorrad in das 20 km entfernte Merseburg, fand mich in der entsprechenden Schule und informierte mich. Wir fuhren zur Hauptpost, die damals noch bis 20 Uhr geöffnet war, und ich meldete mein Radio an. Als ich gegen 23 Uhr zum Heim zurückkehrte, erwartete mich die Heimleiterin bereits, um mein Radio einzuziehen. Ich konnte den entsprechenden Beleg vorlegen und die beabsichtigte Beschlagnahme musste zum Missvergnügen der Heimleitung ausfallen.

8 Beginn des Chemiestudiums an der Technischen Hochschule für Chemie Leuna-Merseburg

Nach Abschluss der Lehrausbildung als Chemiefacharbeiter im Mineralölwerk Lützkendorf und des Abiturs in der Volkshochschule Merseburg entsendete mich mein Betrieb zum Chemiestudium an die Technische Hochschule für Chemie Leuna-Merseburg. Nach einem Vorstellungsgespräch wurde ich angenommen. Das Studium begann im September 1962.

Am ersten Tag erfolgten die Einschreibung und der Bezug der Internatszimmer (Standard war ein Doppelzimmer für vier Studenten, Sanitärräume und Gemeinschaftsküche außerhalb, Preis 10 Mark pro Monat und Student). Der nächste Tag war geprägt durch eine sehr niveauvolle Immatrikulationsfeier mit Begrüßungsrede, Sinfoniekonzert und Theaterstück von Pavel Kohout im Kulturhaus der Leuna-Werke. Dann begann das Studium aber noch lange nicht, sondern wie damals üblich fand zunächst ein vierwöchiger Arbeitseinsatz zur Kartoffelernte in Nordbrandenburg statt.

Die Logistik des Abtransports per Sonderzug lag fest in der Regie des Prorektors für Studienangelegenheiten. Er hatte im Bahnhof Merseburg die Regie einschließlich der Befehlsgewalt über die Lautsprecher übernommen und sortierte in barschem Befehlston, aber mit offensichtlicher Freude am Kommandieren, die Belegung der Waggons. Dem Vernehmen nach war er als ehemaliger Wehrmachtsoffizier an der Gründung der „Nationalen Volksarmee" der DDR beteiligt und – nach erfolgtem Aufbau – ehrenhaft suspendiert worden. Zielort war Meyenburg.

Unsere Seminargruppe war gemeinsam mit einer Seminargruppe des dritten Studienjahres eingesetzt, beide Gruppen wurden von den auch an der Hochschule für sie zuständigen Assistenten angeleitet. Ich sehe noch heute den ersten Arbeitseinsatz zum Studienbeginn als sehr positiv an. Hier fand bedingt durch die sehr einfachen Lebensumstände, losgelöst vom Elternhaus und der Routine eines Schul-beziehungsweise Studienbetriebs ein intensives gegenseitiges Kennenlernen – auch bei gemeinsamem Besuch von Tanzveranstaltungen, zu denen man teilweise auf Anhängern von Traktoren über Land fuhr – statt. Das war über Jahre fruchtbar und wäre sonst so nicht zustande gekommen. Wir wurden im ersten Stock eines größeren Bauernhauses, dessen Bewohner wohl „republikflüchtig" geworden waren, auf Strohsäcken untergebracht. Die gute Verpflegung erfolgte im Erdgeschoss. Hauptzweck unseres Einsatzes war die Kartoffelernte. Wegen der sehr steinigen Böden war der Einsatz von „Vollerntemaschinen" nicht möglich. Die Kartoffeln wurden in sogenannten Mollen eingesammelt. Die gefüllten Mollen wurden vom Sammler jeweils in einen Kastenwagen entleert, der Sammler bekam als Quittung eine Wertmarke. Zum Schluss wurden die gesammelten Wertmarken bezahlt; ich kaufte mir von dem Erlös in Meyenburg ein Oberhemd, ein Polo-Shirt und einen Koffer. Daneben wurden wir vom LPG-Vorsitzenden auch für andere anstehende Arbeiten wie die Silomaisernte herangezogen, ich arbeitete auch einige Zeit als Kutscher. In ähnlicher Weise wie oben beschrieben liefen die weiteren Ernteeinsätze ab, ich absolvierte während meines Studiums insgesamt vier. Das war ein viel zu hoher, für das Erreichen der Ziele eines Studiums unproduktiver Aufwand. Man muss bei der Bewertung aber bedenken, dass in der DDR der 60er-Jahre keine billigen ausländischen Saisonarbeitskräfte wie in der Bundesrepublik oder ab 1990 im vereinten Deutschland verfügbar waren.

9 Absturz

Am 28. November 1963, vormittags, war ich in einem Labor des Hauptgebäudes der Technischen Hochschule gerade mit der präparativen Trennung von drei Metallen aus einer wässrigen Lösung beschäftigt, als meine Seminargruppenleiterin mir sagte, es sei ein Anruf vom Prorektorat für Studienangelegenheiten gekommen. Ich möge doch bitte dort zu einem Gespräch erscheinen. Da mir kein studienbedingter Grund für ein Gespräch einfiel, befürchtete ich, dass mir eventuell ein Verhör im Zusammenhang mit der am 31. Oktober 1963 durch die Stasi erfolgten Verhaftung meines Stiefvaters bevorstehen könnte. Auf dem Wege zum Prorektorat ging mir bei schneidendem eisigen Wind kurz durch den Kopf, dass – wenn es die Mauer nicht schon gäbe – ich in Erwägung ziehen könnte, statt zum Prorektorat zum Bahnhof Merseburg zu gehen und sofort nach Westberlin zu fahren. Diese Möglichkeit gab es nicht mehr, so ergab ich mich der Situation. Es würde schon irgendwie gehen. Es kam aber schlimmer.

Zunächst geleitete mich die Sekretärin in einen Raum, in dem zwei schweigende Männer saßen, die mir nur sagten, dass ich jetzt zu warten hätte. Nach etwa einer Stunde kam ein weiterer Mann hinzu, der offenbar bereits mein Internatszimmer durchsucht hatte und auch keinerlei Gesprächsabsicht hegte. Er hatte aber eine meiner Jacken und meinen Wintermantel mitgebracht mit der Bemerkung, es könne auf dem Transport (wohin sagte er nicht) kalt werden. Dann verlas er den Haftbefehl:

„Der am 09.04.44 in Neusalz/Oder geborene, zur Zeit im Internat der TH Chemie in Leuna/Merseburg wohnhafte Student Gerd Müller-Hagen ist in Untersuchungshaft zu nehmen.
    Er wird beschuldigt, Hetze betrieben zu haben und bei solcher Beihilfe geleistet zu haben. Der Beschuldigte hat von 1960 bis 1963

für seinen Stiefvater Hetzbriefe von Lawalde, Kreis Löbau, nach Merseburg befördert. Er wollte so seinen Stiefvater vor Entdeckungen schützen. In seinem eigenen Schreiben vom 04.05.1963, gerichtet an seine Eltern, hat er selbst Hetze betrieben. Er bezeichnete Staatsfunktionäre als ‚langweilige, fette Gesichter, die einen anöden'. Die Maiansprache bezeichnete er als alte Phrasen. Der Haftbefehl stützt sich auf Fluchtverdacht. Es ist zu erwarten, daß der Beschuldigte unter Ausnutzung seiner Verbindungen nach Westdeutschland flüchtet."

Ich war natürlich sofort geschockt und wusste, dass diese Verhaftung eine erhebliche Zäsur für meinen weiteren Lebenslauf bedeutete. Heute kennt man die Verbrechenstatbestände „Hetze" und „Beihilfe zu Hetze" nicht. Die Delikte – zwei nicht veröffentlichte harmlose Bemerkungen in einem Brief an meine Eltern und das Einwerfen von drei Briefen meines Stiefvaters in Postbriefkästen – sind lächerlich. Das war aber unter den Bedingungen des Unrechtsstaates DDR in seiner spätstalinistischen Phase gänzlich anders. Es war illusionär, hier einen Freispruch zu erhoffen.

Nach Verlesung des Haftbefehls wurde mir bedeutet, dass man erforderlichenfalls sofort von der Schusswaffe Gebrauch machen würde. Ich wurde in dem Stasi-Auto (damals PKW EMW) rechts hinten platziert, vor mir befand sich ein gespanntes Tau, an dem man mich hätte fixieren können, die Klinke zum Öffnen der hinteren rechten Tür war abmontiert. Die Fahrt wurde im Leuna-Werk unterbrochen. Ich weiß nicht, ob dieser Zwischenstopp mit meiner Verhaftung zusammenhing. Auf der weiteren Fahrt bin ich fest eingeschlafen und erwachte erst wieder, als sich meine Bewacher über die schöne neue Beleuchtung auf der Albertbrücke über die Elbe in Dresden freuten. Nach etwa 10 Minuten Fahrt kamen wir an der Untersuchungshaftanstalt des Ministeriums für Staatssicherheit, Bautzener Straße 116, in Dresden an. Ein Blechtor öffnete und schloss sich automatisch. Ich wurde erkennungsdienstlich behandelt (Fingerabdrücke, Fahndungsfotos), hatte mich auszuziehen und meine Uhr abzugeben.

Das Fahndungsbild wurde am 28. November 1963 in der Untersuchungshaftanstalt des Ministeriums für Staatssicherheit Dresden, Bautzner Straße 116 aufgenommen.
Darauf bedeutet XII Bezirk Dresden, 63 steht für das Jahr 1963 und 59 steht für die 59te Einlieferung im Jahr

Dann erfolgte eine sehr detaillierte Leibesvisitation und erkennungsdienstliche Behandlung. Ich musste sofort Häftlingskleidung anziehen. Damit wurde mir sogleich verdeutlicht, wie man mich einstufte; ich war ja noch nicht verurteilt. Die Hose war braun, es hieß, dass sie aus Beständen der Röhm-SA stammte. Die Jacke schwarz mit eingenähten senkrechten türkisfarbenen Streifen auf dem Rücken zur Kennzeichnung als Gefangener. Diese Vorsichtsmaßnahme war in meinem Falle gar nicht zwingend, denn ich sah während meiner gesamten Haftzeit keinen einzigen fremden Insassen des gut besetzten Hauses. Der „Hofgang" bestand darin, allein in einer tortenstückähnlichen etwa 5 m hohen Zelle zu stehen. Diese war zum Himmel offen und das spitze Ende endete unter einem Podest. Darauf stand ein gut winterlich ausgerüsteter Posten, der meine Sicherheit mit einer Maschinenpistole gewährleistete. Im Winter war es bei diesem „Hofgang" recht kalt, sodass man froh war, bald wieder in seine Zelle zurückgeführt zu werden. Die Zelle war etwa 5 m lang und 2,5 m breit, sie enthielt zwei Schlafpritschen, einen Heizkörper und ein Toilettenbecken. Die Wasserspülung konnte nur von außen durch das Wachpersonal betätigt werden. Die

Zelle war etwa 4,50 m hoch, die Zellentür befand sich auf der schmalen Seite. Etwa 1 m über der Zellentür befand sich hinter einem Gitter eine sehr schwache Glühlampe. Sobald die Beleuchtung abends aktiviert war, bildete sich das Gitter auf den Wänden gegenüber der Lampe ab und verhinderte so, dass der Häftling seine Situation vergessen konnte. Das quadratische, mit eingeschmolzenem Maschendraht versehene Fenster war in etwa 4 m Höhe, es ließ sich zur Lüftung etwa 20 Grad nach innen kippen, wobei das kräftige Außengitter erkennbar wurde. Dabei wurde ein kleines Segment des Himmels sichtbar. Eine „Aussicht" war unmöglich. Bei einer Besichtigung in den 90er-Jahren erkannte ich, dass die Aussicht – wäre das Fenster tiefer positioniert gewesen – die Elbe gezeigt hätte. Jede Nacht wurde mehrmals das Licht angestellt und der Wärter kontrollierte über das Guckloch, dass der Häftling anwesend war. Es kam auch – selten – vor, dass nachts die Zellentür geöffnet wurde. Der Häftling war in diesem Fall unterwiesen, sofort nach dem Hören des Öffnungsgeräuschs (Klappern des Schlüsselbunds an der Blechtür) aufzustehen und am Fußende der Pritsche, den Rücken zur Zellentür gewandt und die Hände auf dem Rücken verschränkt, Stellung zu nehmen und auf Anweisungen zu warten. Es war verboten, zwischen 6 und 22 Uhr auf der Pritsche zu liegen. Jetzt eröffnete sich mir der Sinn der Formulierung: Wie lange hast Du gesessen? Die Zelle habe ich nur zum Besuch der Waschzelle, zum „Hofgang" und zum Verhör verlassen können. Das war streng so reguliert, dass ich nie einen anderen Häftling sah. Ich konnte die Insassen der anderen Zellen nur durch Geräusche wie Husten oder Weinen wahrnehmen.

Vor diesem Hintergrund betrachtete ich später die Klagen der Anwälte der inhaftierten RAF-Mitglieder in der BRD der 1970er-Jahre über die „Isolationsfolter" ihrer Mandanten, die sie ja ständig besuchten, sehr differenziert. Meine Untersuchungshaft dauerte 96 Tage. Ich durfte keinen Besuch empfangen, das Lesen einer Tageszeitung wurde von meinem Vernehmer einige Wochen nach meiner Verhaftung erlaubt, ebenso die wöchentliche Zuteilung eines Buches. Die Zeitung durfte ich auswählen, ich nahm das „Neue Deutschland". Die Zuteilung des Buches erfolgte willkürlich. Da ich erst 19 Jahre alt war, gab man mir bevorzugt kommunistische Jugendliteratur. Diese war meist etwas einfältig geschrieben. Positive Ausnahme war „Das Beil von Wandsbeck" von Arnold Zweig. Die Verhöre zogen sich ermüdend über etwa sechs Wochen hin und waren angefüllt mit der Durchsprache von Briefen, die ich selbst erhalten beziehungsweise geschrieben hatte. Im Vernehmungszimmer saß ich auf einem Hocker, der im Fußboden festgeschraubt, etwa 3 m vom Schreibtisch des Vernehmers entfernt war. Es gelang ihm nicht, mir weitere, über die im Haftbefehl genannten hinausgehende „staatsfeindliche Aktivitäten" nachzuweisen. Kritisch war die Stelle, in der mir der Vernehmer ein offenbar fingiertes Schriftstück der Deutschen Post, Amt Merseburg, vorlegte. Angeblich hatte ich die Adresse eines Briefs fehlerhaft geschrieben. Die Deutsche Post habe diesen Brief zwecks Feststellung des Adressaten geöffnet und nach Kenntnis über den staatsfeindlichen Inhalt diesen an das Ministerium für Staatssicherheit weitergeleitet. Wenn ich das gestünde, würde das bei der Strafzumessung positiv wirken, so der Vernehmer. Ich blieb aber dabei, dass es einen solchen Brief von mir nicht geben könne. Der Vernehmer kam nicht mehr auf sein „Beweisstück" zurück.

Meine Haft war vorwiegend eine Einzelhaft. Zweimal hatte ich einen Zellengenossen. Zunächst war es schon in den ersten Tagen ein junger Mann, der auch frisch eingeliefert worden war. Wir verständigten uns durch Zeichen, nichts von unseren „Delikten" zu erzählen, weil wir befürchteten, abgehört zu werden. So weiß ich bis heute nicht, worin die Verfehlung dieses Häftlings bestand. Ein Thema, das wir für unverfänglich hielten, war der Mord an J. F. Kennedy. Ich hatte die Meldung noch in Freiheit vernommen, er erzählte mir lang und breit von der Beerdigung. Schon bald wurde dieser Häftling abgezogen. In den letzten drei Wochen meiner Haft bekam ich einen neuen Mitbewohner. Er war etwa 55 Jahre alt und identifizierte die Herkunft unserer Häftlingskluft, die er in den frühen 1930er-Jahren bei Mitgliedern der „Röhm-SA" gesehen hatte. Mein Mithäftling war sehr hinfällig, weinte viel und schlief schlecht. Sein Sohn hatte als Lehrling in einem Betrieb Sprengstoff zum „Heimgebrauch" entwendet. Damals hatte es einige Sprengstoffattentate auf die Mauer in Berlin gegeben, deshalb gelangte dieses Delikt zur Staatssicherheit. Der Sohn wurde also verhaftet, sein gestohlener Sprengstoffvorrat wurde von der Stasi beschlagnahmt. Eine Woche später fand sein Vater Restposten des Sprengstoffs und vernichtete sie. Sein Sohn hatte inzwischen im Verhör dieses „Restlager" angegeben, aber es konnte, da der Vater es vernichtet hatte, nicht mehr ausgehoben werden. Also wurde der Vater auch verhaftet und als Staatsfeind verhört. Es gab aber gar keine staatsfeindliche Motivation, der Vater war SED-Genosse, hatte auch keine Westkontakte. Aber das „Ermittlungsorgan" musste ermitteln. So wurde der Lebenslauf des Vaters durchforstet und erkannt, dass er nach 1945 in die SPD eingetreten war, der er schon vor 1933 angehört hatte. Hätte er nicht sofort in die KPD eintreten sollen? In mehreren Verhören versuchte man, daraus eine Motivation für die vermutliche Staatsfeindlichkeit abzuleiten. Schließlich war 1963 der SPD-Mann Willy Brandt Bürgermeister der „Frontstadt Westberlin"! Ich musste den armen Mann immer wieder trösten.

10 Zwei Prozesse am Bezirksgericht Dresden

Am 20. Februar 1963 durfte ich die Anklageschrift lesen.

Angeklagt wurden mein Stiefvater Hellmut Philipp, weil er
1. durch Herstellen und Verbreiten von über 50 Hetzbriefen seit 1949 an acht westdeutsche Bürger
2. durch Einführung und Verbreitung von Hetzschriften sowie
3. durch mündliche Hetze

die ideologischen Grundlagen der Deutschen Demokratischen Republik angegriffen und gefährdet habe mit dem Ziel, damit einen Beitrag zu der von den westlichen Militaristen und Revanchisten geplanten und propagierten gewaltsamen Einverleibung der DDR in die imperialistische Bundesrepublik zu leisten.

Gerd Müller-Hagen, weil er
am 4. Mai 1963 in einem Brief an seine Eltern den Weltfeiertag der Arbeiter sowie Staats- und Parteifunktionäre wegen ihrer Teilnahme daran diffamiert und verächtlich gemacht hätte und in der Zeit von 1960 bis 1963, fortgesetzt, seinem Stiefvater Hellmut Philipp beim Versenden von Hetzbriefen nach Westdeutschland Beihilfe dadurch leistete, dass er etwa fünf dieser Briefe von Lawalde nach Halle und Merseburg mitnahm und sie dort in Briefkästen einwarf.

Meine Mutter Sigrid Philipp, weil sie
in der Zeit von 1955 bis 1963, fortgesetzt, ihrem Ehemann, dem Beschuldigten Hellmut Philipp, beim Versenden von Hetzbriefen Beihilfe leistete, indem sie eine nicht mehr feststellbare Zahl von Briefen, in Kenntnis ihres hetzerischen Inhalts, nach Löbau mitnahm und dort in Briefkästen einwarf.

Die Anklageschrift war 23 Seiten lang. Der Text der Anklageschrift deprimierte mich, was meine Erwartung des bevorstehenden Urteils betraf, sehr. Danach wären für alle drei Angeklagten Verurteilungen mit langjährigen Haftstraßen zu erwarten gewesen. Was sollte in diesem Fall aus meinen damals acht- beziehungsweise zehnjährigen Brüdern werden? Was aus dem Landwirtschaftsbetrieb mit etwa 20 Kühen und 50 Schweinen? Was aus dem rohbaufertigen neuen Wohnhaus in Lawalde?

Am nächsten Tag besuchte mich in Anwesenheit eines Mitarbeiters der Haftanstalt mein Verteidiger, der auch meine Mutter und meinen Stiefvater vertrat. Ich hatte erwartet, dass mein Verteidiger durch sein Gespräch mich etwas aufbaut, mir etwas Hoffnung vermittelt. Das krasse Gegenteil war der Fall. Er sah mich durch seine dicke Hornbrille eindringlich an und sagte: „Herr Müller-Hagen, ich hoffe sehr, Sie sind sich der Verwerflichkeit Ihrer Handlungsweise voll bewusst!"

Zunächst war dieser Tag für mich der schwärzeste in meiner „Häftlingskarriere".

Erst später begriff ich, dass der Verteidiger in realer Einschätzung der Gegebenheiten für den Auftritt vor dem „sozialistischen Gericht", das sich ja parteiisch als Vollstreckungsorgan des DDR-Sozialismus verstehen musste, mich durch seine Mahnung optimal vorbereitet hatte. So bereitete ich mich darauf vor, im Prozess vor dem Gericht meine „Einsicht" vorzutragen, wonach ich jetzt erkenne, wie schädlich das Abhören westlicher Rundfunksender für mich war, weil es mich dazu gebracht hätte, negative Standpunkte zu entwickeln. Der erste Prozess fand am 27. und 28. Februar sowie am 4. März 1963 statt. Ein Urteil konnte noch nicht gefällt werden, weil unser Verteidiger beantragte, vor Urteilsfindung zunächst eine psychiatrische Untersuchung von Hellmut Philipp zu veranlassen, weil dieser im Jahre 1952 eine schwere Gehirnerschütterung erlitten hatte. Die Verhandlung wurde vertagt und der Beschluss gefasst, mich aus der Haft zu entlassen, weil die Ermittlungen abgeschlossen seien und die zu erwartende Bestrafung eine weitere Inhaftierung nicht rechtfertigen würde. So kam ich am 6. März 1964 frei. Die Hochschule hatte inzwischen meinen Internatsplatz anderweitig besetzt und bereitete meine Exmatrikulation vor. Dafür fehlte aber als Grundlage noch das endgültige Gerichtsurteil. So fuhr ich sofort von Dresden nach Lawalde, wo ich dringend gebraucht wurde, und trat dort als „Genossenschaftsbauer" der LPG bei.

Mein Stiefvater wurde von der Untersuchungshaftanstalt Dresden ins Zuchthaus Waldheim überstellt; dort erfolgte die Erstellung des beantragten psychiatrischen Gutachtens. Es besagte, dass Hellmut Philipp in Folge eines 1952 erlittenen Schädeltraumas unter einem traumatisch cerebralen Allgemeinsyndrom litt. Deshalb war die Fähigkeit, die Folgen seiner Handlungsweisen in allen sich daraus für ihn, seine Umgebung und für die Allgemeinheit ergebenden Konsequenzen zu übersehen, in erheblichem Maße vermindert. Die dadurch bedingte erheblich verminderte Zurechnungsfähigkeit musste bei der Strafzumessung berücksichtigt werden.

Unter dieser Voraussetzung wurde der Prozess am 23., 24. und 25. Juli 1964 fortgeführt. Insgesamt wurden zu allen sechs Prozesstagen insgesamt 17 Zeugen vorgeladen und befragt. Zum Abschluss der Hauptverhandlung erkannte der Senat für Hellmut Philipp auf ein Vergehen mit einer Strafe von zwei Jahren Gefängnis; nicht etwa zehn Jahren Zuchthaus, die sonst bei dem Verbrechen Hetze resultiert hätten. Dieser Umstand entschärfte auch die Behandlung der Mitangeklagten. Meine Mutter und ich wurden bezüglich der Beihilfe zur Hetze freigesprochen, weil eine Kenntnis des Inhalts der Briefe, die wir zur Post brachten, nicht nachzuweisen war. Ich wurde „nur noch" wegen des Vergehens Staatsverleumdung zu einer Gefängnisstrafe von fünf Monaten mit einer Bewährungszeit von einem Jahr verurteilt.

Der Senat hatte sich auch noch mit der Einweisung von Hellmut Philipp in eine Anstalt zu befassen. Er folgte der Ansicht des Psychiaters, „dass es für solche Menschen günstiger ist, wenn sie nach Verbüßung der Strafe in ihre altgewohnte Umgebung zurückkommen, zumal das Leiden des Angeklagten so gut wie nicht beeinflusst werden kann".

Damit war die strafrechtliche Behandlung des Vorgangs zu einem – gemessen an den damaligen Umständen – vergleichsweise milden Ende gelangt.

Ich danke noch heute dem Verteidiger für seine Kreativität. Er konnte in einem politischen Verfahren in der damaligen DDR nicht klassisch verteidigen, sondern musste andere Wege finden, dem Gericht ein möglichst mildes Strafmaß zu ermöglichen.

Meinem Stiefvater wurde eine langjährige Zuchthausstrafe erspart, er hatte aber dafür gegenüber der Gesellschaft den Preis verminderter Zurechnungsfähigkeit („Jagdschein"), die gerade noch das Führen eines Kraftfahrzeugs erlaubte, zu zahlen. Er starb mit 49 Jahren an einem Herzinfarkt. Meine vergleichsweise milde Verurteilung hatte trotzdem eine andere schmerzliche Konsequenz: Sie führte zu meinem Ausschluss vom Studium an allen Hochschulen und Universitäten der DDR.

11 Bewährung in der sozialistischen Landwirtschaft

Mit Schreiben vom 19. August 1964 hatte der Rektor der Technischen Hochschule für Chemie Leuna-Merseburg meinen zeitweiligen Ausschluss vom Studium von allen Hochschulen und Universitäten der DDR verfügt. Gleichzeitig wurde mir die Möglichkeit eröffnet, mich nach zwei Jahren nachweislich guter Arbeit in der sozialistischen Landwirtschaft um Wiederaufnahme des Studiums zu bewerben. Ich hatte in einem Vorgespräch an der Hochschule auf die prekäre Situation in meiner Familie, die meine Hilfe erfordere, verwiesen. Der Rektor war darauf mit der Auflage „Arbeit in der sozialistischen Landwirtschaft" eingegangen. Sonst hätte die Auflage „Arbeit in der chemischen Industrie" gelautet.

Ich war bereits nach meiner Haftentlassung im März 1964 nach Lawalde gegangen. Von den Nachbarn, auch von einem Lehrer der Schule, dem Pastor und den neuen Arbeitskollegen der LPG, die mich kameradschaftlich unterstützten, wurde ich willkommen geheißen. Das tat mir gut.

Ich hatte aber auch meine Bewährungsauflagen zu erfüllen. Dazu gab es – unter der Voraussetzung, dass ich nicht ewig LPG-Mitglied bleiben wollte – keine vernünftige Alternative. Ich musste also darauf achten, nicht von außen erkennbar rückfällig zu werden. Das war in einem kleinen Dorf, wo jeder jeden kannte und wo außerdem davon ausgegangen werden musste, dass die „staatlichen Organe" meine Entwicklung beobachteten, eine Herausforderung. Unser Haus stand neben einer Bushaltestelle. Mein Opa, der Vater von Hellmut Philipp, war politisch sehr interessiert, hatte schon in der Nazizeit den Londoner Rundfunk gehört und hörte diesen weiterhin, jetzt auch noch Westberliner Sender. Er war aber sehr schwerhörig und stellte daher den Empfänger entsprechend laut ein. Die Wartenden an der Bushaltestelle konnten so hören, dass in unserem Haus

Feindsender liefen. Diesen Eindruck durfte ich überhaupt nicht aufkommen lassen und stellte in meiner Verzweiflung – wenn ich sah, dass die Haltestelle frequentiert war – den Hauptschalter für die Stromversorgung des Hauses ab. Das war für mich äußerst belastend. Allein der Gedanke daran lässt bei mir jeden nostalgischen Gedanken an die DDR ersterben.

Es wurde mir nahegelegt, die Ortsgruppe der FDJ zu aktivieren. Also ging ich zu den Versammlungen und beteiligte mich an einigen Aktivitäten, nahm auch an einigen Konferenzen auf Kreisebene teil. Die Arbeit in der Landwirtschaft war mir ja von meiner Kindheit her vertraut. Durch die Gründung der LPG Typ I war die Arbeit anders organisiert, weil die Ackerflächen gemeinschaftlich bearbeitet wurden. Die Felder wurden zusammengelegt, hier war entsprechend der Größe des jeweiligen Hofes ein Anteil an Arbeitsleistungen zu erbringen. Die Viehhaltung einschließlich der Vermarktung der Produkte (Milch, Fleisch, Eier ...) und Pflege der Futterflächen (hauptsächlich der Wiesen) verblieb in der Zuständigkeit der jeweiligen Bauernfamilie. Im Sommer bedeutete das einen Arbeitstag von etwa 6 Uhr morgens bis 20 Uhr abends, unterbrochen von den Mahlzeitpausen, natürlich auch am Wochenende, wobei die Feldarbeit am Sonntag – abgesehen von der Erntekampagne – meist ruhte. Sowohl bei der Arbeit auf den Ackerflächen wie auch bei der Bewirtschaftung der Futterflächen war der Einsatz eines alten Lanz-Bulldogs (Baujahr 1942) von großer Bedeutung. Er ersetzte das Paar Zugochsen, die wir mit gutem Ergebnis verkauften. Für leichte Transportdienste kaufte ich ein Pferd. Nach meiner Haftentlassung verbrachte ich viele Abende gemeinsam mit einem befreundeten Landmaschinenschlosser, um den Traktor mit einem Mähwerk auszurüsten. Damit war ich hinreichend ausgerüstet, um mit dieser zwar nostalgischen, aber doch sehr verlässlichen Maschine sowohl in der privaten Grünlandwirtschaft wie auch der genossenschaftlichen Ackerwirtschaft zu arbeiten. Im Mai 1963 konnte ich die Fahrerlaubnis für Traktoren und Lastkraftwagen erwerben. Meine Mutter hatte mich auf meine schriftliche Bitte aus dem Gefängnis hin schon im Winter bei einer Fahrschule angemeldet. Ab diesem Zeitpunkt war ich als Arbeitskraft in der LPG vielseitig einsatzfähig. Nachbarn und Freunde fragten wiederholt an, womit sie uns in unserer Privatwirtschaft helfen könnten. Das war eine angenehme Erfahrung. Der Buchhalter der LPG war, soviel ich mich erinnere, das einzige SED-Mitglied in der LPG „Heimaterde" Lawalde. Er vertraute mir an, dass er über mich zu berichten hatte. Ich half ihm dabei. Offenbar tat er des Guten fast zu viel, denn am Ende meines „Einsatzes in der sozialistischen Landwirtschaft" wurde ich in den „Bezirks-Landwirtschaftsrat des Bezirks Dresden" als Jugendvertreter berufen. Infolge der Wiederaufnahme meines Studiums konnte ich aber diese Funktion nicht mehr wahrnehmen.

Eine zusätzliche Herausforderung bestand in der Notwendigkeit, das rohbaufertige Wohnhaus zu vollenden. Das bedeutete eine Menge koordinativer Aktivitäten und Handlangerdienste. Es ist mir heute ein Rätsel, das uns auch das bereits zum Oktober 1964 gelang und wir aus dem sehr bescheidenen, baufälligen alten Bauernhaus ausziehen konnten.

Im Oktober 1964 wurde der 15. Jahrestag der Deutschen Demokratischen Republik begangen.

Dieses Jubiläum war Anlass, durch den Staatsrat der DDR einen Amnestieerlass zu verkünden. Auf dieser Grundlage wurde mein Stiefvater am 11. November 1964 aus der Haft entlassen. Er staunte, dass der Hausbau in seiner Abwesenheit vollendet werden konnte. Mir wurde diese Begnadigung am 20. November 1964 verkündigt. Leider hatte das für mich keine Auswirkung bezüglich meines Ausschlusses vom Studium. Ich konnte aber über eine Eingabe beim Staatssekretariat für das Hoch- und Fachschulwesen der DDR das Zugeständnis erwirken, mich schon für das Studienjahr 1965/66 zur Wiederaufnahme des Studiums bewerben zu dürfen. Mein Arbeitgeber, die LPG „Heimaterde" Lawalde, stellte mir die entsprechende Befürwortung aus. Ich wurde von der Hochschule zu einem Aufnahmegespräch eingeladen. Nach positivem Verlauf erfolgte eine erneute Immatrikulation für die Wiederaufnahme des Studiums ab dem zweiten Studienjahr per September 1965.

Damals konnte ich natürlich nicht ahnen, dass ich mehr als 50 Jahre später als ehrenamtlicher Bürgermeister elf Jahre lang in meinem ländlich geprägten Wohnort Großkmehlen auf meine Landwirtschaftserfahrung würde zurückgreifen können.

12 Erster Besuch in der „alten Heimat"

Im Frühjahr 1965 wurde es möglich, als DDR-Bürger Privatreisen nach Polen zu unternehmen, wenn man an der Grenze eine Einladung polnischer Bürger vorweisen konnte. Meine Mutter hatte die Anschrift einer Deutschen erfahren, die in Lüben verblieben und dort mit einem Polen verheiratet war. Diese Bürgerin schickte uns eine Einladung für einen eintägigen Besuch. Teilnehmer der Reise waren Familienmitglieder, die aus Guhlau und Ossig vertrieben waren. Ziel war die Besichtigung der ehemaligen Wohnstätten in diesen Orten und Neusalz/Oder sowie der Besuch von Gräbern der Familie in Guhlau, Ossig und Lüben. Es war für die Teilnehmer, die erstmals ihre Heimat wieder sehen durften, ein sehr bewegendes Ereignis. Die Verständigung mit den neuen Bürgern wurde sehr erleichtert durch den zweisprachigen Ehemann der Einladenden, der uns den ganzen Tag begleitete und dolmetschte. In Guhlau fanden wir, angeleitet durch meine Mutter, die Gräber meines Vaters (gefallen 1944) und meiner Großmutter (verstorben 1943). Der Gutshof war durch Kriegshandlungen weitgehend zerstört, den Keller des Gutshauses konnte man betreten. Vor dem ehemaligen Pferdestall befand sich ein etwa 5 m langer Granittrog, der offenbar als Pferdetränke gedient hatte und in den noch immer aus einem Eisenrohr Wasser floss. Wir waren begleitet durch etwa 20 Polen, die unserem Dolmetscher verschiedene Fragen stellten, wobei die Herkunft des fließenden Wassers eine zentrale Rolle spielte. Meine Mutter konnte helfen und definierte die Lage des Brunnens. Nun fühlte ich mich ermutigt, mir durch meine Mutter die Stelle zeigen zu lassen, wo 1945 Wertsachen (Porzellan, Silber) vergraben worden waren. Wegen des starken Winters war im Januar 1945 die Erde tiefgefroren, außerdem sollte das heimlich geschehen. Deshalb hatte man die Wertsachen in gummierten Munitionskisten verpackt und im

Entenstall vergraben. Es war kein Entenstall mehr aufzufinden. Aber einige Pflaumenbäume, die den Stall umsäumt hatten, waren noch erkennbar. So bat ich um Hacke und Schaufel und machte mich an die Arbeit. Bereits nach wenigen Spatenstichen legte ich Teile des sechseckigen roten Ziegelpflasters, mit dem der Entenstall ausgelegt war, frei. Als ich mich umsah, stellte ich fest, dass alle Polen, die uns vorher umstanden, sich zurückgezogen hatten und Mütter ihre neugierigen Kinder zurückriefen. Ich war tief beeindruckt über den Anstand dieser Leute. Was wäre in der DDR bei einem ähnlichen Anlass geschehen? Ich wäre bei meiner Ausgrabung nicht allein gelassen worden, es wären noch mehr Schaulustige gekommen und es hätte sich sofort jemand gefunden, der dieses Vorkommnis bei den Staatsorganen angezeigt hätte.

Das Ergebnis meiner „Schatzsuche" war sehr geringfügig. Eine silberne Gabel, durch Hitzeeinwirkung völlig deformiert, und einige Scherben von Meißner Porzellan (Drachenmuster), keine Spur mehr von den gummierten Kisten. Meine Mutter sah einige lose herumliegenden Granitstufen, die am Standort des ehemaligen Gutshauses lagen und offenbar früher die Treppe zum Eingang gebildet hatten. Sie setzte sich auf eine Stufe und weinte still. Eine alte Polin kam und brachte ihr ohne Worte einen Strauß Vergissmeinnicht. Die Stunden in Guhlau haben mich sehr beeindruckt. Seither mag ich keine „Polenwitze" mehr hören. Ähnlich bewegend waren die Eindrücke in Ossig. In Neusalz/Oder konnte ich mein sehr gut erhaltenes im Zentrum der Stadt gelegenes Geburtshaus von außen besichtigen. Es ist heute Sitz der Stadtverwaltung von Nova Sol, Ulica Marszaälla Pilsudski 12.

13 Wiederaufnahme des Studiums und die Fußballweltmeisterschaft in England 1966

Mein Neustart ins Studium erfolgte, wie in dieser Zeit üblich, mit einem Ernteeinsatz. Das war für mich eine erleichternde Konstellation, weil ich zunächst den Studenten, die mich seit meinem ursprünglichen Studienbeginn kannten und jetzt das vierte Studienjahr begannen, nicht begegnete. Ich hatte ja bei meiner Haftentlassung unterschreiben müssen, über meine Haft und deren Bedingungen Stillschweigen zu bewahren. So blieben mir zunächst entsprechende Rückfragen meiner „alten Bekannten" erspart und ich stellte mich bei meinen neuen Kommilitonen als jemand vor, der „aus familiären Gründen" sein Studium unterbrochen hatte. Es war ja nicht einmal ganz falsch. Vor diesem Hintergrund war es für mich einfacher, bei der Neuwahl in den Vorstand der FDJ-Seminargruppenleitung gewählt zu werden. Nach Beendigung des Ernteeinsatzes begegnete ich natürlich vielen „alten Bekannten". Diese „erleichterten" mir die Kommunikation, indem sie entweder meinem Gruß auswichen oder, wenn sie ihn freudig erwiderten, die „verbotenen Fragen" nicht stellten.

Ein Kommilitone meiner neuen Seminargruppe war ein fanatischer Fußballanhänger. Als bekannt wurde, dass die nächste Fußballweltmeisterschaft im Juli 1966 in England bevorstünde, ging er schon im Herbst 1965 in das Büro des DDR-Reisebüros in Merseburg mit dem Ziel, Tickets für seine Teilnahme als Fußballfan zu erwerben. Als ihm bedeutet wurde, dass für ihn kein Ticket verkäuflich sei, gab er sich damit nicht zufrieden. Er verwickelte das Personal des gut gefüllten Büros in eine längere Diskussion mit dem Ziel, einen Weg offenbart zu bekommen, als Fan wenigstens einen Antrag auf seine Teilnahme an der Weltmeisterschaft stellen zu dürfen. Das wurde genervt und für die damalige DDR „natürlich" abschlägig beschieden. Der

Kommilitone war seinerseits sehr enttäuscht und murmelte in seinem Abgang „Scheiß-Zone". Zone wurde damals in westlichen Medien als abwertendes Synonym für die von ihnen staatlich nicht anerkannte DDR verwendet. Der enttäuschte Fußballfan wurde – auf welchem Wege auch immer – wegen „Provokation und staatsfeindlicher Äußerung", die eines Studenten einer sozialistischen Hochschule unwürdig sei, denunziert.

Das Prorektorat für Studienangelegenheiten teilte das unerhörte Vorkommnis der FDJ-Leitung unserer Seminargruppe mit. Ich gehörte dieser Leitung an und sah aufgrund meiner einschlägigen Erfahrungen, dass dieser Vorgang für unseren Kommilitonen verhängnisvoll enden könnte.

Wir besprachen, dass dem Fußballfan nur geholfen werden kann, wenn sich seine Kommilitonen empört von seinem Verhalten distanzieren und so verdeutlichen, dass innerhalb der Seminargruppe eine „Erziehung im Kollektiv" erfolgt, die eine sonst zu erwägende Exmatrikulation überflüssig machen wird. Wir bereiteten die Sitzung mit ausgewählten Mitgliedern der Seminargruppe entsprechend vor.

Ein Termin für eine Versammlung der Seminargruppe wurde angesetzt und eine Mitarbeiterin des Prorektorats für Studienangelegenheiten hierzu eingeladen.

Die Versammlung wurde durchgeführt, das Verhalten des Fußballfans im Reisebüro – wie vorher besprochen – vielstimmig verurteilt. Das erhoffte Ergebnis „Erziehung im Kollektiv" wurde vom Prorektorat für Studienangelegenheiten akzeptiert und von „weiteren Maßnahmen" wurde abgesehen.

Der Fußballfan machte 1967 sein Diplom und ich hörte staunend, dass er seine „Chemiker-Berufslaufbahn" als hauptamtlicher FDJ-Leiter in einem Chemiebetrieb begonnen habe. Mein Erstaunen wurde aufgelöst, als ich später erfuhr, dass der Fußballfan als Mitglied einer offiziellen FDJ-Delegation der DDR die Republik Kapverden besuchte, dortblieb und so der DDR elegant den Rücken kehrte.

14 Auslandspraktikum in Polen

Im Sommer 1966 ergab sich für eine Gruppe von etwa 15 Studenten der Hochschule die Möglichkeit, an einem Auslandspraktikum in Polen teilzunehmen. Kooperationspartner war die Universität Krakau. Das Programm bestand aus einem praktischen Teil in einem Chemiewerk in Tarnow sowie einem touristischen Programm in Krakau (Universität, Innenstadt, Wawel) und Umgebung, wozu das Bergwerk Wielicka und die Brauerei Okocim gehörten. Auch wenn ich während meiner Lehrzeit schon das KZ Buchenwald besucht hatte, war die Besichtigung von Auschwitz besonders prägend. Mein Begleiter und ich vermieden, uns zu unterhalten. Die Scham, als „deutsch" erkannt zu werden, war sehr groß.

Wir hatten anscheinend ein sehr lockeres Praktikumsprogramm, wodurch viel Zeit für private Unternehmungen blieb. Autostopp war sehr angesagt. Viele gewerbliche Fahrzeuge waren regelrecht für die Mitnahme von Anhaltern eingerichtet, der Fahrer nahm gern etwas Geld an – ohne es aber zu fordern. Es gab teilweise interessante Gespräche mit anderen Reisenden. Die offensichtliche Macht der katholischen Kirche beeindruckte, ebenso wie die Selbstverständlichkeit, mit der unser studentischer polnischer Betreuer über ein bevorstehendes Praktikum in Frankreich sprach – unvorstellbar für DDR-Studenten.

Mit einem Freund beschloss ich, von Tarnow aus nach Tzschenstochau zur „Königin Polens", der Schwarzen Madonna, wie sie uns von mehreren Gesprächspartnern empfohlen worden war, zu fahren. Zunächst fuhren wir per Anhalter nach Kattowitz und bestiegen dort eine Straßenbahn, um zum Hauptbahnhof zu gelangen. Wir waren uns nicht sicher, ob wir die richtige Bahn gewählt hatten, und sprachen leise darüber. Groß war die Überraschung, gleich von mehreren Seiten von Mitreisenden in gutem Deutsch die passenden Ratschläge zu bekommen.

Also fuhren wir per Bahn nach Tzschenstochau. Es war Sonntag und es erübrigte sich, beim Verlassen des Bahnhofs jemanden zu fragen, auf welchem Weg wir zur schwarzen Madonna gelangen könnten. Fast alle wollten auch dorthin und pilgerten mit Fahnen und Gesängen über eine breite Prozessionsstraße zum Weißen Berg. Am Heiligtum angekommen, beeindruckten mich viele Beichtstühle. An einigen standen etwa hundert Soldaten der polnischen Armee Schlange, um die Beichte abzulegen. Wir wurden vom Zug der Pilger mitgezogen und gelangten vor das Madonnenbild, das hinter einem silbernen Rollo verborgen war. Es wurde unter Geigenmusik hochgezogen. Alle fielen auf die Knie, wir wurden mitgerissen. Viele Jahre später musste ich an diese Szenen denken, als ich im Fernsehen sah, wie der polnische Papst Johannes Paul II. bei seiner ersten Polenreise auf dem Weißen Berg zwei Millionen Pilgern zurief, keine Angst zu haben.

Den Abschluss der Reise bildete ein mehrtägiger Ausflug in die Berge der Hohen Tatra, wo wir mehrere Tage in Zakopane schliefen und in dem dortigen Hotel in westdeutschen Zeitungen Berichte über die Exzesse der gleichzeitig in China ablaufenden Kulturrevolution lasen.

15 Vom Wintersport zur „operativen Personenkontrolle"

An den Hochschulen der Region Leipzig, so auch in Merseburg, gab es jedes Jahr während der Leipziger Frühjahrsmesse „Messeferien". Diese Ferien wurden eingeführt, um die Kapazitäten der während der Messeferien nicht belegten Studentenwohnheime an Messegäste vermieten zu können. Die TH Merseburg hatte eine aktive Sektion Sport, die neben der Ausgestaltung studentischer Sportstunden auch aktiv an überregionalen Ligen beteiligt war. So war sie auch im Basketball aktiv.

Es hatte sich eingebürgert, dass Basketballsportler der TH Merseburg jeden Winter während der „Messeferien" zum Konditionstraining ins Erzgebirge fuhren und dort Skilanglauf betrieben. Ich hatte 1966 davon gehört und erfahren, dass dieser Skikurs allein durch die Basketballer nicht ausgebucht war. Also meldete ich mich zu diesem Kurs an und hatte die Freude, bis 1972 jedes Jahr daran teilnehmen zu dürfen. Wir übernachteten immer im Gasthof „Waldesruh" in Steinbach bei Johanngeorgenstadt. Die Unterkunft wurde als „FDGB-Urlaubsplatz" an Mitglieder der Gewerkschaft zu einem sehr erschwinglichen Preis vermietet. Voraussetzung war die Mitgliedschaft in der Gewerkschaft, der Mitgliedsbeitrag für Studenten betrug 50 Pfennig monatlich.

Die Teilnehmerschaft stammte aus allen Studienrichtungen der TH und freute sich von Jahr zu Jahr auf das Wiedersehen in den Loipen am Kamm des Westerzgebirges und die geselligen Abende. Später bin ich gemeinsam mit meiner Familie im Winter sehr oft in diese Region zurückgekehrt.

Während meines Wintersportaufenthalts in den Messeferien 1969 begann ein Vorgang, der sich mir erst in den 1990er-Jahren nach Studium meiner Stasi-Akten erschloss. Ich bewohnte damals ein Internatszimmer, das sich in einem Gebäude befand, das nicht für Messegäste vermietet wurde. Die Internatsverwaltung wies deshalb einem anderen Studenten, der sein Zimmer für Messegäste zu räumen hatte, mein Internatszimmer zu. Offenbar war dieser „Kommilitone" ein sehr eifriger Denunziant. Er durchsuchte meinen Schreibtisch und durchstöberte die Fächer meines Schrankes. In einem sechsseitigen Dossier an die Staatssicherheit gab er kund, dass ich umfangreiche Westkontakte habe, zitierte aus familiären Briefen, die westdeutsche Absender hatten, und hielt einen Katalog der Genex-GmbH (Ostberlin) für so gefährlich, dass er ihn abschrieb. Die Genex-GmbH war eine DDR-Einrichtung, mit der man Devisen dadurch beschaffte, dass man in der DDR rare Konsumgüter von Bürgern der Bundesrepublik gegen D-Mark kaufen ließ und diese dann DDR-Bürgern als „Geschenkdienst" zustellte. Auch listete er einige westdeutsche Produkte wie Zigaretten, Kaffee und eine leere Konfekt-Schachtel auf. Unter diesem „Material" war zwar nichts, das man in der DDR als staatsfeindlich hätte charakterisieren können – aber es reichte, eine „Operative Personenkontrolle" auszulösen. Im Januar 1970 verabschiedete die Kreisdienststelle Merseburg des Ministeriums für Staatssicherheit (MfS) hierfür einen „Eröffnungsbericht" sowie einen „Maßnahmeplan", in dem neben dem eifrigen Denunzianten, der den Anstoß für diesen Vorgang gegeben hatte und in diesem Papier als „Kader des MFS" bezeichnet wird, sogar eine Professorin – hier als „Gesellschaftlicher Mitarbeiter des MfS" benannt – ihre Aufgaben bekamen. Diese Zusammenhänge waren mir vor Kenntnis meiner Stasi-Unterlagen natürlich nicht bekannt. So konnte ich Gesprächswünsche, die ein Hauptmann des MfS mir gegenüber ab März 1970 äußerte, noch nicht konkret einordnen.

16 Forschungsstudent an der TH für Chemie „Carl Schorlemmer" in Leuna-Merseburg

Nach einem mehrmonatigen Betriebspraktikum in der. Leuna-Werken begann im Herbst 1968 mein dreijähriges Forschungsstudium an der Sektion für Verfahrenschemie der TH für Chemie „Carl Schorlemmer" in Leuna-Merseburg.

Das Forschungsstudium war in der DDR 1967 eingeführt worden und sollte die Zeit bis zur Beendigung der Promotion dadurch verkürzen, dass man den sonst üblichen Studienabschluss per Diplomarbeit wegfallen ließ und so ein Jahr einsparte.

Im Chemiestudium der DDR war es damals üblich, dass nur etwa 10 % eines Jahrgangs promovierten, nachdem zuvor auch nur etwa 10 % eines Schülerjahrgangs zum Abitur zugelassen worden waren.

Das Thema der Doktorarbeit lautete „Reaktionen von Olefinen mit Quecksilber-II-Salzen".

Zum Promotionsverfahren gehörten neben der Doktorarbeit auch Sprachkundigen-Prüfungen in zwei lebenden Fremdsprachen, alternativ dazu konnte ein Fachdolmetschernachweis in einer lebenden Fremdsprache vorgelegt werden.

In einer schriftlichen Belegarbeit war der Nachweis marxistisch-leninistischer Kenntnisse gemäß § 7 der Promotionsordnung A am Institut für Marxismus-Leninismus zu erbringen.

Die Teilnahme an mehrwöchigen militärischen Ausbildungen, bei denen Forschungsstudenten als Gruppenführer für Studenten niedrigerer Studienjahre eingesetzt wurden, war obligatorisch.

Einige meiner experimentellen Ergebnisse bei Umsetzungen von Quecksilberacetat mit Olefinen zeigten Abweichungen von Resultaten, die vom Arbeitskreis Professor Reutov in Moskau publiziert worden waren. Mein Doktorvater Professor Pritzkow diskutierte das mit diesem Autor. Es wurde abgesprochen, dass ich für ein Jahr im Arbeitskreis Reutov in Moskau arbeite, um dort diese Arbeiten zu wiederholen und Ursachen für die bemerkten Abweichungen aufzuklären. Ich erhielt zur Vorbereitung ein dickes von Professor Reutov geschriebenes Buch – natürlich in Russisch. Ich freute mich darauf, sah in diesem Umstand auch eine Synergie bezüglich der oben erwähnten Sprachkundigen-Prüfungen. Nach meiner Rückkehr aus Moskau würde es mir leichtfallen, einen Fachdolmetschernachweis in Russisch abzulegen, und ich gab die entsprechende Anmeldung ab. Der entsprechende Sprachunterricht begann und war sehr herausfordernd. Ich sah ihn im Hinblick auf meinen Moskau-Aufenthalt, der mir ja automatisch die entsprechende Sprachfertigkeit einbringen würde, eher locker.

Doch das stellte sich als leichtsinnig heraus, denn das Prorektorat für Studienangelegenheit lehnte nach etwa einjähriger Bearbeitung meine Entsendung nach Moskau ab. Heute weiß ich, dass diese Ablehnung angesichts der laufenden, aber mir nicht bekannten „operativen Personenkontrolle" durch das Ministeriums für Staatssicherheit zwangsläufig war. So musste ich die Fachdolmetscherprüfung Russisch ohne „Moskau-Training" ablegen und schaffte sie gerade so.

Meine Teilnahme am mehrwöchigen Studentenaustausch im Sommer 1970 mit Moskau und Leningrad wurde aber genehmigt. Hier waren meine Russischkenntnisse wohl doch infolge meines Russischlehrgangs brauchbar, denn in meiner Stasi-Akte kann ich lesen, dass am 19. März 1971 der IM „Student" berichtete, dass „Müller-Hagen auf jeden Fall aufgrund seiner Russischkenntnisse der gefragteste Student während unseres Aufenthalts in der Sowjetunion war, sowohl bei den deutschen als auch bei den sowjetischen Freunden".

Da ich nach meiner Erfahrung durch Verhaftung und Ausschluss vom Studium von 1963–1965 sehr vorsichtig bezüglich der Sicherheit mich betreffender akademischer Berufsabschlüsse sein musste, reichte ich Zwischenergebnisse meiner

Doktorarbeit unter dem Titel „Kinetik und Gleichgewichte der Transmerkurierung zwischen Acetoxy- bzw. Methoxyalkylquecksilberacetaten und Olefinen" im Herbst 1969 zur Diplomprüfung ein und bekam auf dieser Basis im Dezember 1969 den Studienabschluss per Diplom zuerkannt.

Den erforderlichen „Nachweis marxistisch-leninistischer Kenntnisse" erbrachte ich gemeinsam mit einem weiteren Kommilitonen durch eine 37-seitige Ausarbeitung mit dem Titel „Die Entwicklung der experimentellen Methode und Engels' Kampf für die dialektisch-materialistische Grundorientierung der Naturforschung". Da im Jahre 1970 Engels' 150. Geburtstag zu begehen war, hielt ich Ende 1970 an der Hochschule den entsprechenden Festvortrag, in dem ich besonders auf die enge Verbindung von Friedrich Engels zu dem in England lehrenden Chemiker Carl Schorlemmer, dem Namenspatron der Hochschule Merseburg, einging. Das Prüfungsgespräch zu unserer Arbeit wurde uns damit erlassen.

Aus meinen Personalunterlagen geht auch hervor, dass ich 1969 und 1970 zweimal sechs Wochen eine Reservistenausbildung absolvierte. Beide Ausbildungen fanden in Seelingstädt bei Ronneburg auf einem Abraumgelände des Uranbergbaus der Sowjetisch-Deutschen Wismut AG statt. Die Landschaft hat sich ja heute, 2022, nach Entfernung der Abraumhalden und großflächiger Sanierung erheblich verbessert. Als Forschungsstudent war ich als Gruppenführer eingesetzt. Mir fällt heute aus dieser Zeit nur noch eine Begebenheit ein:
Ich hatte das Glück, dass meine Gruppe aus hochgewachsenen, sehr sportlichen jungen Männern bestand, denen die Erfüllung militärsportlicher Normen wenig Mühe bereitete. Ich war darauf bedacht, diese nicht durch übertriebenen Eifer meinerseits zu reizen. So arbeiteten sie gut mit und wir waren in der Kompanie spitze. Nur ein Mitglied der Gruppe war klein und dick, außerdem recht unbeholfen. Wir versuchten, ihm entsprechend beizustehen und z. B. über die Eskaladierwand zu helfen

oder die Gasmaske in Normzeit anzulegen. Das hörte aber auf, nachdem das Parteiaktiv des Zuges ihn auf der Wandzeitung zum „Bestsoldaten" erklärte. Der kleine Dicke war wohl einzig wegen seiner SED-Parteimitgliedschaft so geehrt worden. Alle anderen in der Gruppe waren keine Parteimitglieder. Nun musste der arme, statt Hilfe zu bekommen, den Spott seiner Gruppenmitglieder ertragen, wie: „Na Bestsoldat, zeige uns doch endlich selbst, was eine Harke ist." Der Kleine besuchte mich abends in meinem Zimmer und bat mich unter Tränen, beim Kompanieführer dafür zu sorgen, dass die „Bestsoldaten-Erwähnung" von der Wandzeitung verschwand. Ich sprach mit dem Kompanieführer und dieser war so vernünftig, dem zu entsprechen.

Während meiner Forschungsstudentenzeit war ich auch als Hilfsassistent in einer Seminargruppe des zweiten Studienjahres tätig, war studentisches Mitglied der Sektionsleitung Verfahrenschemie und organisierte einen Vortragstag im Rahmen des Studentenwettstreits.

Das alles genügte aus Sicht des Ministeriums für Staatssicherheit noch nicht.

Ein Hauptmann der Kreisdienststelle Merseburg des Ministeriums für Staatssicherheit führte ab März 1970 eine Reihe von Gesprächen mit mir, um mich anzuwerben und mich über das Institut meines Doktorvaters, den ich sofort darüber informierte, zu befragen. Offenbar geschah das im Rahmen der „operativen Personenkontrolle", von der ich ja erst nach Kenntnis meiner Stasi-Akten in den 1990er-Jahren erfuhr.

Solche Gespräche waren delikat. Mit geheimen Vertretern, deren Macht ich schon 1963 kennenlernen musste, hielt ich es nicht für zweckmäßig, wie „mit Ihnen will ich nichts zu tun haben" zu reagieren. Also trat ich freundlich und kooperativ auf.

Dem Stasi-Hauptmann gefiel das zunächst sehr, wie seine Niederschriften zeigen. Er stellte mir auch Westreisen zu Tagungen in Aussicht. Er meinte, meinen Ehrgeiz dadurch anregen zu können, fachliche Ergebnisse aus „Berichten unserer Kundschafter" durch Publikationen unter meinem Namen (Veröffentlichungen, Patente) in der DDR „legal zum Eigentum unserer Republik" zu machen. Voraussetzung für eine solche Auszeichnung sei allerdings meine Bereitschaft, Inoffizieller Mitarbeiter des Ministeriums für Staatssicherheit zu werden. Nachdem ich mich nur bereit erklärte, als Staatsbürger die Positionen der Deutschen Demokratischen Republik lediglich offen und legal vertreten zu wollen, war die Enttäuschung meines Gesprächspartners groß.

Er erschien nicht mehr zu dem nächsten von ihm für Mitte November 1970 angekündigten Gespräch. Ausfluss dieser Enttäuschung waren offenbar zwei Mitteilungen der Kreisdienststelle Merseburg des Ministeriums für Staatssicherheit vom 04. Juni 1971:

„Die Person M. ist nach § 20 Ziff. 2 STEG wegen Staatsverleumdung vorbestraft. Das Strafmaß wurde auf 1 Jahr Bewährung festgelegt. Er unterhält außerdem umfangreiche postalische Verbindungen nach WD zu Verwandten … In den Ereignissen in der CSSR im Jahre 1968 äußerte er sich negativ. Seitens unserer Diensteinheit kann aus o. g. Gründen ein Einsatz in Ihrem GFZ nicht zugestimmt werden."

Ich hatte mich an einem im Raum Leuna/Buna geplanten Großforschungszentrum – „GFZ" genannt –, das sehr chemisch orientiert werden sollte, beworben. Das GFZ ging nie in Betrieb.

Am 11. Oktober 1971 hieß es:

„Die Person M. ist nach § 20 Ziff. 2 STEG wegen Staatsverleumdung vorbestraft … Er hatte die Absicht, nach seiner Strafverbüßung die DDR illegal zu verlassen. Aus den o. g. Gründen kann einer positiven Ausnutzung der Person nicht zugestimmt werden."

Ich war am 20. November 1964 begnadigt worden, seit diesem Datum hätte ich nach geltendem DDR-Recht als nicht bestraft

zu gelten gehabt. Die hier zitierte Herangehensweise der Kreisdienststelle des MfS zeigt, was der „Rechtsstaat DDR" taugte.

Die Missachtung geltenden DDR-Rechts war aber nicht allein
auf den Geheimdienst beschränkt.

Der Abschluss meiner Doktorarbeit „Reaktionen von Olefinen
mit Quecksilber-(II)–Salzen" war für den Herbst 1971 vorgesehen, die Verteidigung erfolgte am 19. Oktober 1971.

Deshalb begann ich im Frühjahr 1971, mich um Stellen in
der Industrie zu bewerben. Damals war es erforderlich, dass neben der persönlichen Bewerbung auch die Personalakte des Be-
werbers durch das Prorektorat für Studienangelegenheiten dem
gewünschten Betrieb zugeschickt wurde. Es gab für den Bewerber kein Recht, in seine Akte einzusehen. Zunächst bekam ich
einige Monate lang keinerlei Reaktion. Ich war bezüglich meiner Zukunft verunsichert, dachte nach und wurde bei der entsprechenden Bearbeiterin im Prorektorat für Studienangelegenheiten vorstellig. Ich trug die Bitte vor, doch meine Kaderakte
bezüglich alter, nicht mehr gültiger Inhalte zu überprüfen. Sie
sagte zu und erklärte mir beim nächsten Treffen ohne geringste Verlegenheit lächelnd: „Ja, da haben wir ein ganz schönes
Feuerchen machen müssen." Nur gut, dass ich mich noch nicht
in vielen Betrieben per Bewerbung vorgestellt hatte. Einige Ka-
derabteilungen waren vor meiner Staatsfeindlichkeit noch nicht
gewarnt worden. So auch die Personalabteilung des VEB Synthesewerks Schwarzheide, wo ich am 1. November 1971 meine
Berufslaufbahn beginnen durfte.

17 Einstieg ins Berufsleben

Ich hatte, da Lehrausbildung und Studium im Raum Merseburg erfolgten, mich bei meinen Bewerbungen zunächst auf den Raum Mitteldeutschland bezogen. Meine Bewerbungen blieben, wie schon ausgeführt, ohne Echo. Nach erfolgter Bereinigung meiner Personalakte versuchte ich nicht mehr, bei schon angesteuerten Betrieben den Bewerbungsvorgang zu wiederholen, sondern wandte mich Adressen zu, die ich noch nicht frequentiert hatte. Obwohl ich das Chemiewerk Schwarzheide noch nie gesehen hatte, bewarb ich mich dort. Ich wurde zur Vorstellung eingeladen. Da man im Herbst 1971 noch Chemiker suchte, um den Personalbedarf für das gerade im Aufbau befindliche Polyurethanvorhaben abzusichern, bot man mir – unter der Voraussetzung, keine Verwandten ersten Grades im Westen zu haben – eine Stelle in der Forschung an.

Ich bekam auch aus Guben und Schwedt Zusagen, wählte aber Schwarzheide, weil dieser Ort Lawalde am nächsten lag. Mein Stiefvater war im Frühjahr 1971 verstorben und ich konnte von hier aus meine Mutter besser unterstützen, denn der elterliche Landwirtschaftsbetrieb musste in der bestehenden Form aufgelöst werden.

Auch gefiel mir sehr, dass die Schwarzheider Kollegen, von denen ich einige vom Studium in Merseburg her kannte – damals kam jeder vierte Chemiker der DDR aus Merseburg – mir vom Pilzesammeln erzählten. Also musste die Umwelt noch einigermaßen in Ordnung sein. Im hochbelasteten Umfeld von Leuna-Buna-Bitterfeld-Wolfen war das kaum vorstellbar.

Ich unterschrieb den Arbeitsvertrag, bekam 1250 Mark Bruttogehalt und zusätzlich noch eine Zulage von 250 Mark netto.

Zunächst bezog ich als Untermieter ein möbliertes Zimmer in einem Einfamilienhaus in Schwarzheide. Bereits im Sommer 1972 bekam ich eine Einraumwohnung mit Küche, Bad und Seeblick im vierten Stock eines gerade neu errichteten Plattenbaus an dem damals sich füllenden Senftenberger See (ein ausgekohlter Tagebau) für eine Miete von 38,40 Mark zugewiesen. Das alles empfand ich als sehr vorteilhaft.

18 Glücklicher Irrtum

Im Sommer 1972 fuhr ich gemeinsam mit einem Freund aus der Studienzeit an die Ostsee. Wir fanden in Dierhagen (Darß) einen guten Zeltplatz. Dort suchten wir eines Tages mit dem Ziel, zu Mittag zu essen, in der Gaststätte „Meeresrauschen" einen Platz. Es war kein freier Tisch vorhanden und ich fragte ein alleinsitzendes Mädchen, ob wir uns mit an diesen Tisch setzen dürften. Sie sagte zu, mir gefiel sie ausgezeichnet. Auf dem Tisch lag ihr Portemonnaie, auf dem ihre Anschrift in Leipzig vermerkt war. Ich behielt sie sofort im Gedächtnis. Wir unternahmen zu dritt einige Ausflüge. Ich musste zur Kenntnis nehmen, dass mein Freund besser bei ihr ankam. Nach Schwarzheide zurückgekehrt, schickte ich ihr einen Brief. In ihrer Antwort teilte sie mir nett mit, dass mein Freund sie bereits in Leipzig besucht hatte und sie auch ihn in Merseburg. Das erfreute mich nicht, ich sah aber ein, dass weitere Aktivitäten meinerseits wohl vergeblich sein würden. Schade.

Groß war meine Freude, als sie mir im Sommer 1973 aus Ahrenshoop, das wir im Jahre 1972 auch gemeinsam besucht hatten, Urlaubsgrüße schickte. Ich war begeistert, meinte: „Jetzt hat sie es endlich begriffen." Ich nahm wieder Verbindung zu ihr auf, wir fuhren zur Jahreswende 1973/74 gemeinsam in die Slowakei, die Beziehung vertiefte sich. Im Sommer 1974 nahmen wir als Trauzeugen an der Hochzeit eines Freundes aus meiner Studienzeit in Bulgarien teil.

1975 haben wir geheiratet. Irgendwann kamen wir auf die Ansichtskarte aus Ahrenshoop zu sprechen. Ich lernte, dass ich mich sehr getäuscht hatte. Ich hatte ihre Karte, in der ich ein Signal sah, falsch interpretiert. Sie war lediglich in Konkurrenz zu der damals Ansichtskarten schreibenden Urlaubsbegleiterin entstanden. Da diese viele Ansichtskarten schrieb, hatte Jeanette mithalten wollen. Das „Signal" hatte sie nicht im Sinn.

Ein Irrtum meinerseits. Aber ein glücklicher.

19 Noch eine „operative Personenkontrolle" durch das Ministerium für Staatssicherheit und eine Tagung in Leipzig

Ich hatte mich gut in mein Forschungsarbeitsleben in Schwarzheide eingefügt, bemerkte aber nach einiger Zeit, dass ich wieder unter Beobachtung stand. Nach meinen speziellen Erfahrungen aus der Merseburger Zeit war hinreichende Sensibilität vorhanden.

Im Oktober 1974 besuchte mich in meiner Einraumwohnung ein älterer Herr aus dem Synthesewerk, den ich nur flüchtig kannte. Er wolle mir angeblich sein Herz ausschütten. Seine Frau wollte sich von ihm trennen, obwohl sie schon die Silberhochzeit gefeiert hatten!

Er brachte auch eine halbe Flasche Schnaps mit. Zunächst war ich gerührt und fühlte mich geschmeichelt, dass er mich als Vertrauensperson für sein sehr privates Problem ausgewählt hatte. Er erzählte mir sehr intime Details. Meine Rückfrage bei Kollegen im Werk ergab, dass dieser Herr tatsächlich Eheprobleme hatte. Seine „Legende" stimmte also. Dass er sein Eheproblem detailliert einem fremden, um Jahrzehnte jüngeren Mann vortrug – nur um einem Spitzelauftrag gut zu erledigen –, fand ich schon sehr bemerkenswert. Ich bemerkte, dass er, nachdem er mein Mitgefühl erweckt hatte, mir immer mehr mich betreffende Detailfragen stellte, und war gewarnt. Ich „informierte" den Stasi-Mann entsprechend. Aus dem Studium meiner Stasi-Akte erfuhr ich in den 90er-Jahren, dass dieser IM „Dornberg" auch meine Fächer im Schrank durchstöberte, während ich mich kurz in der Küche aufhielt, um ihn zu bewirten. Insgesamt besuchte er mich bis zum Mai 1975 insgesamt fünfmal und schrieb auch fünf seitenlange Berichte.

Anlässlich der Leipziger Herbstmesse 1974 fand ein vom VEB Synthesewerk Schwarzheide organisiertes zweitägiges „Internationales Polyurethan-Symposium" statt. Ich nahm teil und hatte mich mit einem mir gut bekannten Analytiker der TH

Merseburg verabredet, um am Rande des PU-Symposiums mit ihm spezielle analytische Untersuchungen an OH-Endgruppen zu besprechen. Diese Untersuchungen waren damals im Betrieb Schwarzheide selbst nicht durchführbar, aber mit der diesbezüglich besseren Ausrüstung an der TH möglich. Wir führten ein langes, herzliches Gespräch im Foyer des Tagungsgebäudes. Mein Analytikfreund sah äußerlich aus wie ein „West-Mann": guter Anzug, braungebrannt, grell bunte Krawatte. Das erregte Argwohn bei einem Schwarzheider Stasi-Mann, der die Tagung begleitete und in meiner Akte nur mit seinem bürgerlichen Namen genannt wird, den ich hier nicht nenne. Ich erkannte die Bedrohung, weil ich merkte, dass dieser Herr mich im Verdacht hatte, herzliche Beziehungen zum „Klassenfeind" zu pflegen. Er ging immer wieder an unserem Tisch vorbei und versuchte, dem Gespräch zu folgen. Mir wurde heiß. Ich brachte es aber nicht fertig, den Verdacht des Stasi-Mannes zu entkräften, indem ich ihm ganz einfach meinen Analytiker vorstellte. Der Stasi-Mann sah entsprechend aus; etwa nach dem Biermann-Spruch: „Ab 40 ist jeder Mann für sein Gesicht selbst verantwortlich."

Ich schämte mich. Gleichzeitig wusste ich, ein Problem ausräumen zu müssen.

Deshalb habe ich auf der Rückfahrt vom Symposium und auch die nächsten Tage im Betrieb wiederholt anderen Teilnehmern des Symposiums erzählt, in welch hässlichem Verdacht ich mich fühlte. Wie erhofft, meldeten drei „Informelle Mitarbeiter" – wie meiner Akte zu entnehmen ist – dieses Detail.

Der oben nicht namentlich genannte Stasi-Mann schrieb in seinem offiziellen Bericht über seinen Einsatz bei der Tagung, dass er den ihm verdächtig erschienenen Chemiker westlichen Outfits beim Verlassen der Tagungsstätte verfolgt hatte und herausfand, dass dieser einen Pkw Moskwitsch (sowjetisches Fabrikat) bestieg, dessen schmutziges Nummernschild er leider nicht identifizieren konnte.

So wurde meine „sozialistische Ehre" gleich mehrfach wiederhergestellt. Das ist mir offenbar insgesamt gelungen. Hier der

Abschlussbericht der „operativen Personenkontrolle" vom 27. Mai 1975:

„Durch die Bearbeitung konnten keine negativen Momente festgestellt werden. Bei Dr. Müller-Hagen handelt es sich um einen Wissenschaftler, der nicht genügend politisches Wissen besitzt, um auch als sozialistischer Leiter in Erscheinung treten zu können. Er verhält sich unserem Staat gegenüber loyal und versucht, ohne große politische bzw. gesellschaftliche Aktivitäten über die Runden zu kommen. Fachlich gehört er zu den führenden Wissenschaftlern in der Forschung des Synthesewerks Schwarzheide. Der Charakter seiner Verbindungen in die BRD ist rein verwandtschaftlicher Art, wobei die Genex-Waren aus Mitteln einer Erbschaft finanziert wurden. Negative oder feindliche Momente konnten nicht erarbeitet werden. Aus diesem Grund soll eine Archivierung in der Abt. XII der Bezirksverwaltung Cottbus erfolgen."

Das war doch prima!

Ich kenne den Abschlussbericht ja erst nach der Offenlegung der Stasi-Akten in den 90er-Jahren. Hätte ich ihn schon 1975 lesen dürfen, wäre er eine Beruhigung für mich gewesen. Politische Ämter in der DDR wollte ich sowieso nicht, Karriere in der DDR strebte ich nicht an. Man ließ mich in der Forschung arbeiten, das war gut.

Meine Frau und ich heirateten im April 1975 und ich sagte ihr, dass ich mit keiner weiteren Karriere rechnete. Sie fand es schade, dass ein damals 31-jähriger Mann so orientiert war.

Ich war schon Gruppenleiter und hatte ein freies und ausbaufähiges Betätigungsfeld. Sogar „Reisekader für das sozialistische Wirtschaftsgebiet" wurde ich im Ergebnis dieser operativen Personenkontrolle. Vorher waren mir Reisen zu dem Kooperationspartner „Allunions-Institut für synthetische Harze", in Wladimir, UdSSR versagt worden. Nun durfte ich des Öfteren nach Wladimir oder an die Lomonossow-Universität Moskau zur Wahrnehmung regulärer Kontakte fahren. Die letzte dieser Reisen betraf Lizenzverhandlungen im April 1989 mit dem Kasaner Werk für Synthesekautschuk. Dieses Vorhaben erledigte sich schon ein Jahr später durch die Eingliederung des Synthesewerks Schwarzheide in die BASF.

Die Ernennung zum „Westreisekader" wäre zwar reizvoll gewesen, aber meine aktenkundige Ablehnung, Inoffizieller Mitarbeiter des Ministeriums für Staatssicherheit zu werden, stand dem entgegen. Ich konnte im gegebenen Rahmen eigenverantwortlich Kooperationen mit dem Zentralinstitut für Organische Chemie der Akademie der Wissenschaften der DDR in Berlin-Adlershof betreiben und ein Zusatzstudium „Kolloidwissenschaften" an der TU Dresden absolvieren.

Es gelang mir, ein Technikum als Voraussetzung für die Überführung von Forschungsergebnissen in den Produktionsmaßstab aufzubauen. Ein enges, vertrauensvolles Netzwerk zu Abteilungen der Polyurethan-Anwendungstechnik sowie den entsprechenden Produktionsbetrieben im Werk entstand. Gemeinsam wurde eine größere Zahl von Patenten erarbeitet und die Verfahren in die Produktion eingeführt. Für die Nutzung dieser Patente mussten an die Erfinder Vergütungen ausgeschüttet werden, dreimal sogar die in der DDR erlaubte Höchstsumme. Diese Einnahmen glichen die Gehaltsentwicklung, die mir wegen ausbleibender Karriere entging, bei Weitem aus. Ich konnte im Rahmen der DDR-spezifischen Gegebenheiten recht frei agieren. Das war einerseits befriedigend, andererseits machte sich zunehmend die Erkenntnis breit, dass das Versagen des kleinen Landes DDR seinen Lauf nahm.

20 Familiengründung mit Erfolgen und Eigentümlichkeiten

Nach unserer Trauung 1975 änderte sich zunächst wenig. Jeanette hatte noch bis 1976 ihr Zahnmedizinstudium in Leipzig, wo sie auch bei ihren Eltern wohnte, abzuschließen. Wir besuchten uns, so gut es ging, an den Wochenenden. Das schönste Ereignis war die Ankunft unserer Tochter Gerit am 28. November 1975, zufällig genau zwölf Jahre nach meiner Verhaftung in Merseburg 1963 (siehe Episode 9). Ganz wunderbar fanden wir das erste Weihnachtsfest zu dritt in unserer Einraumwohnung in Senftenberg.

Ich als Vater konnte sonst leider nur an Wochenenden helfen. Jeanette wurde von ihrer Familie und netten Nachbarn bei der Betreuung des Kindes sehr unterstützt Auch hatten wir für ein paar Wochen eine „Kinderfrau" engagiert. Für ein paar Monate wurde Gerit in einer Tageskrippe betreut. Mit diesen Hilfen gelang es Jeanette, ihr Studium trotz Mutterschaft in der Regelzeit zu beenden. Wir wollten natürlich so bald wie möglich zusammenleben. Hierfür war eine besondere Genehmigung erforderlich, denn regulär war für Zahnärzte der Universität Leipzig ein Einsatz nur für die Bezirke Leipzig und Karl-Marx-Stadt vorgesehen. Abweichungen mussten genehmigt werden. Jeanette stellte den Antrag für ihren Einsatz im Bezirk Cottbus, in dem Schwarzheide lag, und bekam die Zustimmung.

Nun war der Weg frei für ihre Bewerbung auf eine freie Zahnarztstelle in der Betriebspoliklinik Schwarzheide. Sie bekam die Stelle. Hier fand auch ihre Ausbildung zum Fachzahnarzt statt. Im Zuge der Wiedervereinigung fiel die Fachzahnarztausbildung der DDR ersatzlos weg. Nun fehlte uns nur noch eine größere Wohnung. Ohne einen befürworteten Antrag gab es keine Wohnung, die Wartezeit für eine Wohnung lag damals bei etwa zwei Jahren. Die Größe der Wohnung war limitiert, für die reguläre Zuweisung einer Zweieinhalbzimmerwohnung musste das Kind mindestens acht Jahre alt sein. Durch Gespräche mit der „Wohnungkommission" wurde verdeutlicht, dass nur durch sofortige Genehmigung des Antrags der Familie Müller-Hagen auf Zweieinhalbzimmerwohnung die „zahnärztliche Versorgung der Werktätigen" abgesichert werden könne. Der Chef der Poliklinik unterstützte diese Argumentation. Wir bekamen binnen weniger Wochen die Zuweisung der geforderten Wohnung, mit Balkon, in Schwarzheide. Wir zogen von Senftenberg nach Schwarzheide um, bekamen auch sofort einen Krippenplatz für unsere Tochter. Das Werk war mit dem Fahrrad in zehn Minuten zu erreichen, noch etwas kürzer war der Weg zur Krippe. Somit waren die logistischen Bedingungen für unser Familienleben ideal.

Bald empfingen wir auch erste Besuche. Da ich als „Geheimnisträger" in meiner Firma galt, war es nicht ratsam, persönlich „Westkontakte" offiziell auszubauen. Deshalb bevorzugten wir, dass Einreisegenehmigungen für Westdeutsche möglichst von anderen Familienmitgliedern, z. B. aus Lawalde, beantragt wurden. Die offizielle Anmeldung erfolgte dort und der Besuch bei uns wurde nicht aktenkundig. Auf diese Weise besuchte uns eine „Westcousine" mit Mann und Tochter. Der Zufall wollte es, dass zu gleicher Zeit unsere Waschmaschine kaputtging. Unser Besuch war mit einem Kombi angereist und bot freundlicherweise an, mit dem eigenen bequemeren Auto den Transport der Waschmaschine zur Werkstatt zu übernehmen. Das Auto geriet in Schwarzheide in eine Geschwindigkeitskontrolle, wurde herausgewunken, eine Identifikation von Auto und Fahrer vorgenommen und eine Gebühr kassiert. So weit zwar ärgerlich, aber „normal". Aber nicht für mich! Ich musste davon ausgehen, dass die Meldeketten der Staatssicherheit funktionieren und einen unangemeldeten „Westkontakt" eines Geheimnisträgers erfassen würden. Wir wollten abends ein Glas Wein trinken, aber mir war gar nicht fröhlich zumute. Schließlich fiel mir eine Lösung ein: Ich suchte den „Abschnittsbevollmächtigten der Volkspolizei" in seiner Wohnung auf und meldete, dass ich unangemeldeten Westbesuch erhalten hatte, dem ich ja nicht sagen konnte, dass ich ein Geheimnisträger war. Ich bestand darauf, dass der Abschnittsbevollmächtigte meine Meldung in sein Dienstbuch eintrug. Erst jetzt hatte auch ich einen schönen, entspannten Abend.

Die Luft in Schwarzheide war zwar besser als in dem mir sehr bekannten Raum Leuna-Buna-Bitterfeld, ließ aber durch die Emissionen aus dem Synthesewerk und die Abgase der Kokerei aus dem benachbarten Lauchhammer zu wünschen übrig. Deshalb begannen wir, uns nach Möglichkeiten einer Verbesserung dieser Lage durch Umzug in einen weniger belasteten Ort umzusehen. Hier gab es im damaligen Umkreis von Schwarzheide nur eine recht begrenzte Zahl von Alternativen, weil fast in jeder Himmelsrichtung Tagebaue und Schlote von Industrieanlagen zu sehen waren. Einzig im Süden von Schwarzheide sah es günstiger aus. Wir suchten lange und fanden Ende 1977 in Kleinkmehlen ein schönes Haus in einer nördlichen Hanglage der „Kmehlener Berge" 1 km von der Autobahnauffahrt und 15 km von Schwarzheide entfernt. Hier gab es auch eine Haltestelle für die Omnibusse des Synthesewerks Schwarzheide, die uns nach etwa 20 Minuten Fahrzeit zu unseren Arbeitsstätten bringen konnten. Unter den damaligen Bedingtheiten war auch der hier vergleichsweise gute Empfang westlicher Fernsehsender wichtig. Südlich der Kmehlener Berge begann das im Volksmund sogenannte Tal der Ahnungslosen – der Raum Dresden mit sehr schwierigem „Westempfang". Bereits im März 1978 schlossen wir den Kaufvertrag ab und im April zogen wir ein. Unser Sohn Hans wurde hier, das heißt in der Entbindungsstation des Krankenhauses Lauchhammer, am 7. Juli 1979 geboren. Wir wohnen noch immer hier.

21 Eine letzte Reservistenübung

Meine Einberufung zum vierteljährlichen Reservistendienst Anfang Mai 1978 kam uns, kurz nach dem Einzug in das gerade erworbene Haus, gar nicht gelegen, konnte aber nicht abgewendet werden. Der Dienst fand am Flugplatz Drewitz bei Cottbus statt, ich war Hilfskraft der Bodentruppe und wurde als Kraftfahrer eingesetzt. Das mir anvertraute Fahrzeug war ein LO-Transporter. Bei der Übergabe des Fahrzeugs stellte ich einige technische Mängel (Bremsbelege, Lenkung) fest und verweigerte die Unterschrift als Übernehmender. Das hatte keinerlei Konsequenzen, mir wurde das Fahrzeug trotzdem übergeben. Meine Hauptaufgabe war die Durchführung von Transporten auf dem Flugplatzgelände, wie z. B. Verpflegungsdienste.

Auch nahm ich mit dem Fahrzeug an einem Manöver in Großköris teil. Vor dem Start wurde peinlich darauf geachtet, dass an dem Fahrzeug ein Benzinvorrat von 260 Litern installiert war. Der Kompanieführer erläuterte, dass dieser Vorrat erforderlich wäre, um im Ernstfall bis nach Paris zu kommen.

Auf der Fahrt zum Manöver nahm ein Major neben mir im Fahrerhaus Platz. Wir fuhren in der Kleinstadt Peitz über grobes Kopfsteinpflaster. Dem durch das Pflaster bedingten starken Rütteln konnte das ausgeleierte Lenkgestänge nicht widerstehen und die Spur nicht halten. So fand ich mich samt Major plötzlich auf dem Bürgersteig wieder. Ich war heilfroh, dass die schlechten Bremsen so weit funktionierten, dass ich mit meinem Gefährt nicht in die anliegende Hauswand fuhr. Der Genosse Major nahm es gelassen. Meine Erläuterung, dass ich schon bei Übergabe des Fahrzeugs auf die technischen Mängel hingewiesen hatte, nahm er gleichmütig zur Kenntnis. Einzige Konsequenz seinerseits war, dass er sich zur Rückfahrt vom Manöver in ein anderes Fahrzeug begab. Ich weiß nicht mehr, wie viel Tage das Manöver dauerte. Nach der Rückkehr – es war ein sehr heißer Abend – kroch ich unter das Fahrzeug, um mich mithilfe des Bordwerkzeugs um eine Justierung des Lenkgestänges zu bemühen. Es gelang mir trotz mehrstündiger Bemühung nicht ausreichend. Ich sammelte mein Werkzeug ein, kroch unter dem Fahrzeug hervor und begab mich auf den Weg zum Mannschaftsquartier. In beiden Händen trug ich Werkzeug. Mir begegnete ein sehr junger, nach Parfüm duftender, aber militärisch akkurat gekleideter Leutnant. Fast hätte ich sein Vater sein können. Nachdem ich ihn passiert hatte, schrie er mich von hinten an und verlangte, dass ich zurückkommen solle, um ihm einen ordentlichen militärischen Gruß zu erweisen.

Offenbar hatte ich die vorgeschriebene Blickwendung, die bei Behinderung der rechten, der „Grußhand" (mit der ich einen „Franzosen" trug) laut Dienstvorschrift erfolgen sollte, unterlassen. Ich war nicht im Stande, diesem Befehl zu folgen.

Ich lief weiter und umklammerte den in meiner rechten Hand befindlichen „Franzosen", um damit zuzuschlagen, wenn mich der brüllende Leutnant, der hinter mir herkam, erreichen würde. Glück für den Leutnant und vielleicht noch mehr für mich, dass er aufgab. Ich hätte zugeschlagen.

Ich fühle noch heute, wenn ich daran denke, den rauen Griff des Franzosen in meiner rechten Hand. In unserem Quartier angekommen, warf ich mich auf das Bett.

Ich zitterte und die Zähne klapperten.

22 Ein Rechtsstreit mit dem Arbeitgeber VEB Synthesewerk Schwarzheide

Mit mehreren Kollegen aus Forschung, Produktion und Anwendungstechnik fanden wir gemeinsam eine wirtschaftlich sehr vorteilhafte Lösung zur Produktion eines Rohstoffs für die Herstellung von Polyurethanen, besonders Isolierschaum. Diese Lösung wurde im Rahmen unserer Dienstverhältnisse am volkseigenen Betrieb erarbeitet und das entsprechende Patent durch die Patentabteilung des Werkes am 11. Mai 1983 beim DDR-Patentamt angemeldet. Davon abweichend teilte mir die Patentabteilung als „bevollmächtigtem Vertreter des Erfinderkollektivs" am 08. September 1983 überraschend mit, dass der VEB Synthesewerk Schwarzheide als Anmelder des Patents zurückgetreten sei und nicht beabsichtige, für das Patent einen Antrag auf Benutzungserlaubnis zu stellen.

Der Antrag auf Benutzungserlaubnis war Voraussetzung für die Ausschüttung der gesetzlichen Vergütung an die Erfinder. Um unsere Rechte zu wahren, nahmen wir als Erfinder nun selbst die Prüfung und Erteilung von WP C08G 250811 in die Hand. Als „bevollmächtigter Erfinder" führte ich die entsprechende Korrespondenz mit dem Amt für Erfindungs- und Patentwesen der DDR. Am 04. August 1987 konnte ich dem VEB Synthesewerk mitteilen, dass dieses Patent vom Amt für Erfindungs- und Patentwesen der DDR auf alle Schutzvoraussetzungen geprüft und ohne jede Änderung des von uns 1983 eingereichten Textes erteilt wurde. Jetzt konnte das Werk nicht mehr ausweichen. Mit Schreiben vom 18. August 1987 teilte mir die Patentabteilung auf meine Aufforderung mit, dass das Werk seit 1983 das (vorher ignorierte) Patent benutzte. Auch das DDR-Patentamt wurde informiert. Die dem kommerziellen Nutzen entsprechende sehr hohe Vergütung musste an die Erfinder ausgezahlt werden.

Dieses Beispiel zeigt, dass, solange die „führende Rolle der Partei" (der SED) nicht direkt infrage gestellt wurde, ein „Marsch durch die Institutionen" – nach einem Schlagwort der Alt-68er in der Bundesrepublik – auch in dem viel engeren Rahmen der DDR erfolgreich sein konnte.

Noch treffender für die Charakterisierung der damaligen Gefühlslage für die „Hierbleiber" in der DDR ist wohl der damals aktuellere Spruch: „Bleibe im Lande und wehre Dich täglich!"

23 Wahlversprechen in der DDR

Bei keiner Wahl in der DDR gab es – mit Ausnahme der Wahl vom 18. März 1990 – etwas auszuwählen. Die Wahlhandlung bestand im Wesentlichen darin, einen Wahlzettel zu falten und in die Wahlurne zu werfen. Wählerprotest war nur durch Durchstreichen des Wahlzettels (das ergab eine ungültige Stimme bei der Auszählung) oder Fernbleiben von dem Wahlvorgang möglich. Trotz dieser Hohlheit war der Staatsmacht sehr daran gelegen, aus dem „Wahl"-Vorgang eine Legitimation der eigenen Macht abzuleiten. Wichtig war eine hohe Wahlbeteiligung. Örtliche Funktionäre waren deshalb bestrebt, in ihrem Verantwortungsbereich hohe Zahlen kommunizieren zu können.

Im Vorfeld der Kommunalwahl 1984 hatte unser Bürgermeister veranlasst, die Bürger zu befragen, ob es Probleme gäbe, die einer positiven Wahlbeteiligung entgegenstünden. Bei meiner Befragung äußerte ich mich dergestalt, dass ich sehr traurig sei, dass mir mein Bauantrag zur Errichtung eines Nebengebäudes mit Satteldach noch immer nicht genehmigt worden war. Bei der herrschenden Knappheit an Ressourcen war man bestrebt, Baumaßnahmen, die nicht direkt neuen Wohnraum schufen, möglichst zu verhindern.

Ich erklärte, dass es trotz meiner ansonsten sehr positiven Haltung zur DDR passieren könne, dass ich diesen Frust durch Fernbleiben von der Wahlurne abreagieren würde. Am Sonnabend vor der Wahl rief mich der Bürgermeister an und erklärte mir, dass „das mit der Baugenehmigung" klar ginge. Am Wahlsonntag fand ich in unserem Briefkasten die Baugenehmigung – obwohl in der DDR sonntags keine Zustellung von Post erfolgte. Ich ging zur „Wahl" und faltete den Zettel.

Die Baugenehmigung enthielt den Terminus „in Eigenleistung". Das bedeutete keinerlei Anspruch auf die Zuteilung von Baumaterialien und Leistungen.

So war man weitestgehend auf eigenen Einsatz und Nachbarschaftshilfe angewiesen. Vor diesem Hintergrund hörten wir mit Staunen und etwas Neid, als uns damals ein westdeutscher Verwandter die lustige Begebenheit erzählte, dass man „neulich, in Spanien, den Maurerpolier kennenlernte, der unser Haus gebaut hat". Heute, 2022, ist dieser Neid verflogen und ich bin sogar etwas dankbar dafür, dass einige nachbarschaftliche Kontakte und Erfahrungen, die damals für den Bau unseres Nebengebäudes besonders für uns als Zugezogene essenziell waren, noch heute bestehen. Als Beispiel für die damalige Situation bezüglich der Beschaffung von Baumaterial möchte ich hier nur kurz den Aufwand für die Beschaffung des erforderlichen Bauholzes beschreiben:

• Gespräche mit dem zuständigen Revierförster, um ihn zu veranlassen, Bäume zur Fällung durch entsprechende Kennzeichnung freizugeben
• Fällung der entsprechenden Bäume mithilfe einer Motorsäge, Befreiung der Stämme von Ästen
• Transport der Stämme aus dem Inneren des Waldes zu einem zugänglichen Waldweg unter Einsatz eines Pferdegespanns
• Organisation des Transports der Stämme in ein Sägewerk unter Einsatz eines Traktors mit Anhänger, Beladung des Anhängers mit den Stämmen per Hand durch freiwillige Helfer
• Absprachen mit dem Sägewerk zur Verarbeitung der Stämme zu Dachsparren, Dachlatten und Brettern
• Transport des Materials zur Baustelle
• Zur Vorbeugung gegen Holzwurmbefall Entrindung des gesägten Holzes per Hand.

24 Westreisen, erlaubt und auch illegal – durchaus mit Stress

In den späten 80er-Jahren konnten im Rahmen der Entspannungspolitik (Helsinki-Prozess) auch Reisen von DDR-Bürgern unterhalb des Rentenalters in „dringenden Familienangelegenheiten" (zum Beispiel runde Geburtstage, Hochzeiten, Beerdigungen von nahen Verwandten) nach entsprechendem Antrag mit Befürwortung durch die Arbeitsstelle genehmigt werden. Die Erteilung dieser Genehmigungen war willkürlich. Günstig für einen positiven Bescheid wirkte es sich aus, wenn als „Pfand" für eine Rückkehr in die DDR Ehepartner und/oder Kinder zu Hause zurückblieben. Meine Frau wie ich nutzten diese Reisemöglichkeit mit wechselndem Erfolg mehrmals.

Erich Honecker war im Herbst 1987 zu seinem einzigen Besuch in Bonn. Zur gleichen Zeit wurde mein Reiseantrag abgelehnt. Ich machte den Honecker-Besuch zum Vorwand für meine Eingabe und bekam nach einigem Hin und Her doch noch die Genehmigung. Ich war aber nach dem ganzen Stress der Eingaben und Telefonate so fertig, dass mir die Lust an der Westreise schon fast vergangen war. Ich bekam die Reisegenehmigung schließlich doch, aber erst am beantragten Abreisetag vormittags am Arbeitsplatz telefonisch zugesagt. Ich rief meine Frau an ihrem Arbeitsplatz an und erzählte ihr, dass es mir kaum möglich sei, binnen weniger Stunden alle erforderlichen Wege bis zum Abreisetermin am gleichen Tag zu erledigen, und ich deshalb die Reise sausen lassen wolle. Sie widersprach mir und half sofort. Ihren Patienten wurde abgesagt. Sie fuhr an meiner Stelle zum Volkspolizeikreisamt, um das Genehmigungsdokument für die Reise an meiner Stelle in Empfang zu nehmen. Dort hätte sie meinen Wehrpass abzugeben gehabt. Das war Vorschrift und ich hatte in der Eile vergessen, Jeanette das zu sagen. Jeanette bekam das Reisedokument trotzdem, die völlig unbekannte

Bearbeiterin gab ihr es unter Verletzung ihrer Vorschriften auf ein Ehrenwort heraus. Erst jetzt war es möglich, bei der Deutschen Reichsbahn unter Vorlage der Genehmigung die Fahrkarte ausschreiben zu lassen. Wir wussten, dass das auf dem Bahnhof Ruhland möglich war – also begab sich Jeanette dorthin. Dort musste sie erfahren, dass der Schalter regulär mittags zwei Stunden geschlossen war. Ein Reichsbahner bemerkte ihr Problem, fragte, ob er ihr helfen könne. Er wusste, dass die Frau von der Fahrkartenausgabe über Mittag oft in ihrem Gartengrundstück anzutreffen war. Er fuhr mit seinem Fahrrad dorthin, brachte die Schalterfrau mit und Jeanette bekam sofort meine Fahrkarte ausgeschrieben, deren Streckenführung ich mir vorher ausgedacht hatte. In der Zwischenzeit war ich mit dem Mittags-Schichtbus nach Hause gefahren und konnte meine Sachen packen. Jeanette kam mit den Papieren, vor dem Haus stand unser von Jeanette alarmierter Nachbar mit seinem Auto (unseres war zur Reparatur) und brachte mich zum Zug. Diese Erfahrung von spontaner Mitmenschlichkeit wärmt mir noch heute das Herz. Ich hatte ja ohnehin nicht vor, im Westen zu bleiben. Hätte ich den Vorsatz gehabt, wäre es mir jetzt sehr schwergefallen, ihn umzusetzen.

Die Rechtsauffassung der BRD bedeutete, dass alle DDR-Bürger Deutsche im Sinne des Grundgesetzes waren. Somit war es jedem DDR-Bürger möglich, sich bei einem Einwohnermeldeamt in der Bundesrepublik einen deutschen Pass ausstellen zu lassen. Die Gebühr dafür betrug in den 1980er-Jahren 15 DM. Dieses Dokument konnte man für die Dauer des BRD-Aufenthalts verwenden. Als „Pfand" wurde das DDR-Papier im westdeutschen Einwohnermeldeamt deponiert, vor Rückkehr tauschte man diesen wieder gegen das DDR-Dokument um. Auf diese Weise wurde uns einige Tage unvergesslicher Aufenthalt in der Toskana möglich, mein Schwager ermöglichte mir bei einer weiteren Reise einen mehrtägigen gemeinsamen Aufenthalt in London. Ich wusste, dass dieser Trip meinerseits eine Verletzung des DDR-Staatsbürgerschaftsrechts bedeutete. Ich hatte ja von

„meinem" Staat keine Genehmigung bekommen, Italien oder Großbritannien zu besuchen. Deshalb verzichtete ich in London auf den Kauf jedweder Souvenirs, um beim Grenzübertritt in die DDR nicht aufzufallen. Ich wusste auch, dass die Einführung von Drucksachen in die DDR nicht ratsam war, konnte aber auf dem Bahnhof in Hamburg nicht widerstehen, wegen der damals gerade aufregenden Barschel-Affäre einen „Spiegel" zu kaufen. Der Grenzübertritt in die DDR fand auf dem Bahnhof Friedrichstraße in Berlin statt. Ich überlegte vor dem Aussteigen aus dem Zug, ob ich den Spiegel im Abteil lasse. Ich entschloss mich aber, ihn mitzunehmen, um zu Hause weiter darin zu lesen. Das war ein Fehler. Bei der Kontrolle war das Vorhandensein des „Spiegels" in meinem Gepäck Anlass dafür, mich besonders zu behandeln. Ich wurde einige Treppen tiefer in den Katakomben des S-Bahnhofs in einen Zellentrakt geführt. Hier musste ich mich nackt ausziehen und wurde körperlich akribisch untersucht. Genau so gründlich, wie ich es bei meiner Verhaftung 1963 erlebt hatte. Alles wurde gründlich auseinandergenommen. Dem Kontrolleur fiel in meiner Brieftasche die Quittung über 15 DM für die Ausstellung eines Passes auf. Ich hatte aus Zerstreutheit diese Quittung eingesteckt – ich hätte sie wegwerfen müssen! Ich beteuerte, nicht zu wissen, was dieses Papier bedeutet, vielleicht gehöre es einem Verwandten. Noch aufgeregter war er über den Fund einer, wie er meinte, „Revanchistenzeitung". Ich hatte meine Schuhe im Koffer in die Dithmarscher Landeszeitung eingewickelt. Die Lettern dieser Zeitung erinnerten an die 1930er-Jahre. Er glaubte mir nicht, dass die Dithmarschen eine Holsteiner Landschaft ist. Er vermutete wohl, es sei eine Landschaft in den ehemals deutschen Ostgebieten. Er verließ kurz die Zelle. Ich nutzte die Gelegenheit und aß die 15-DM-Quittung. Das reichlich imprägnierte DIN-A5-Blatt ließ sich sehr schlecht einspeicheln und es war keine Freude, es herunterzuwürgen. Ob der Kontrolleur meine Ausrede bezüglich der Quittung glaubte oder selbst froh war, kein Protokoll über diesen Fund schreiben zu müssen, weiß ich nicht. Es hat sich aber gelohnt. Ich brauchte nicht befürchten, wegen bewusster Verletzung des DDR-Staatsbürgerrechts „zur Verantwortung gezogen" zu werden. Der Nachteil, von unseren besonderen Reisen zu Hause, auch den Kindern, nichts erzählen zu können, blieb jedoch bis 1989 bestehen.

25 Die 1980er-Jahre

Ich hatte die Ereignisse im Zusammenhang mit der Ausbürgerung Biermanns im Jahre 1976, den Emanzipationsversuch der Evangelischen Kirche in der DDR als „Kirche im Sozialismus" im Jahre 1978 und die Bewegung „Schwerter zu Pflugscharen" ab 1980 verfolgt, scheute mich aber vorerst, mich selbst – auch in vorsichtiger Form – hier irgendwie zu engagieren. Das änderte sich etwas Ende der 1980er-Jahre, indem ich mich für zwei Wahlperioden als Mitglied des Gemeindekirchenrates meiner Gemeinde wählen ließ. Es ist dem damaligen Pastoren-Ehepaar zu verdanken, dass in der Gemeinde ein reges, auf Aspekte des Zeitgeschehens eingehendes Leben herrschte. Das kam durch rege Bautätigkeit am kulturellen Erbe – wie die Sanierung von Kirche und Pfarrhaus – mit heute nicht mehr vorstellbar großem Einsatz von freiwilligen, besonders jungen Hilfskräften (auch kirchenfernen Personen) zum Ausdruck. An Abenden traf sich der gleiche Personenkreis zu kulturellen Veranstaltungen im Pfarrhaus. Hier traten Künstler unterschiedlicher Provenienz, auch Musiker, auf und es wurden Zukunftsfragen der gesellschaftlich erstarrten DDR diskutiert. Ich erinnere mich an eine Veranstaltung, in der herausgearbeitet wurde, dass unser Problem nicht darin bestünde, wie ein Vogel im Käfig eingesperrt zu sein, sondern darin, es aufgegeben zu haben, wenigstens einen Versuch des Flatterns zu wagen. Trotzdem wagte ich es nicht, im September 1989 angesprochen, den Gründungsaufruf des „Neuen Forums" zu unterschreiben. Ich meinte wohl, bisher schon zu viel „Lehrgeld" beim Staat DDR eingezahlt zu haben. Auch nahm ich nicht an der Montagsdemonstration in Leipzig am 9. Oktober 1989, dem Schlüsselereignis für den Zusammenbruch der DDR, teil.

Wohl aber meine Frau Jeanette. Der Abend ihrer wohlbehaltenen Rückkehr war einzigartig. Alles war gut gegangen und man meinte, zu träumen. Sie hatte nicht einmal die Sportschuhe, die ich ihr anstelle schicker Pumps eingeredet hatte, anzuziehen, benötigt. Der Rest des Jahres verging in euphorischer Stimmung, die aber zwischendurch sehr gestört war. Ich meinte angesichts des Mauerfalls, jetzt stünde die Wiedervereinigung unausweichlich vor der Tür. Jeanette wollte erst einmal, dass trotz allem „unser Land" die DDR selbst in Ordnung brachte.

Ich hätte das auch bevorzugt, hielt das aber für unrealistisch. Wir hatten ein paar Tage „Sendepause", dann wurde es wieder besser. Wir besuchten jetzt gemeinsam viele Veranstaltungen und Demonstrationen, besonders nach dem Mauerfall, weil wir meinten, dass trotz der täglichen Völkerwanderung nach Westdeutschland und Westberlin der Demonstrationsdruck auf den Straßen aufrechterhalten werden müsse, um die Abschaffung des Unterdrückungsapparats zu vollenden. Deshalb besuchten wir erst Anfang Dezember mit den Kindern Westberlin. Ich legte Wert darauf, die ehemalige Grenze zu Fuß zu überqueren. Es war wunderbar. Wir hatten auch Hammer und Meißel mitgenommen, um Mauerstücke als Andenken zu gewinnen. An der „Gedächtniskirche" saßen offenbar Obdachlose und bettelten. Das kannten wir aus dem Straßenbild der DDR überhaupt nicht. Unser schon damals sozial sehr mitfühlender Sohn Hans schritt mit seinen zehn Jahren zur Tat. Er versuchte, den Bettlern Mauerstücke zu schenken. Hans hatte gehört, dass diese Mauerstückchen für viel Geld verkauft werden könnten, und war recht verstört über die brutale Abfuhr, die er sich dabei einhandelte.

26 Runder Tisch und die Folgen

Groß war die Euphorie über den Fall der Mauer. Man meinte, sich in einem bis vor Kurzem nicht vorstellbaren Traum zu befinden. Die DDR war am Ende, das war klar. Was genau daraus würde, konnte zur Jahreswende 1989/90 keiner ahnen. Allein bei der Freude konnte man nicht stehen bleiben, denn der totale Zusammenbruch der DDR konnte nicht hinweggeträumt werden. Wer würde in Zukunft seinen oder überhaupt einen Arbeitsplatz behalten können?

Die Ausgangsbedingungen waren unterschiedlich, sie waren in der Regel für Beschäftigte in den großen volkseigenen Betrieben schlechter als im Dienstleistungsbereich (Verwaltungen, Schulen, Handwerk, Medizin).

Auch in der SED-eigenen Betriebszeitung „Synthese" begannen Zukunftsdiskussionen. Ich beteiligte mich daran. Zu meiner Überraschung wurde in der Ausgabe von Januar 1990 meine Zuschrift „Autoritäre Leitung ohne Kontrolle und Korrektur", in der ich den Anspruch des Generaldirektors auf einen autoritären Führungsstil infrage stellte, ungekürzt veröffentlicht. Das wäre noch wenige Wochen vorher unvorstellbar gewesen. (Text unter 26a anliegend)

Die Arbeitsplatzsorge trieb die 6000 Beschäftigten des Synthesewerks zunehmend um. Sie führte dazu, im Direktionsbereich Forschung in freier und geheimer Wahl einen „Runden Tisch" zu wählen, ich wurde am 13. März 1990 als ein Sprecher benannt. Aus den Runden Tischen der Forschung entwickelte sich der zentrale Runde Tisch des Synthesewerks.

Das entsprach der Entwicklung dieser Wochen überall in der DDR, wo auf vielen Ebenen versucht wurde, die verloren gegangene Legitimität der SED-Diktatur durch „Runde Tische" zu ergänzen, bis hin zu dem zentralen Runden Tisch in Berlin, der die Modrow-Regierung bis zur freien Wahl am 18. März 1990 begleitete.

Der Forschungsdirektor wie auch der Generaldirektor empfingen mehrmals Abordnungen der Runden Tische des Werks
zur Information und Diskussion der kritischen Lage. Die Wahl
des Betriebsrates am 11. Mai 1990 wurde von Mitgliedern der
Runden Tische in Kenntnis der Bedeutung dieser Institution
entsprechend dem Betriebsverfassungsgesetz der BRD unterstützt. 45 Mitglieder der Runden Tische des Werkes gründeten
am 19. Mai 1990 die Werksgruppe des Verbandes der Führungs-
kräfte der Chemischen Industrie (VFCI), ich wurde als Vorsitzender gewählt. Der VFCI entsprach in seiner Funktion dem in
der BRD etablierten Verband der Angestellten Akademiker und
leitenden Angestellten der Chemischen Industrie (VAA), der bereits 1919 in Halle gegründet worden war.

Am 26. Mai 1990 war ich in Halle auch Gründungsmitglied
des VFCI der DDR. Damit hatten wir für unsere Klientel eine
Gesprächsebene für Kontakte mit BRD-Firmen etabliert. Mit in
der BRD unbekannten Runden Tischen hätte man vermutlich
Schwierigkeiten gehabt, dort eine Gesprächsebene aufzubauen.
Diese Gesprächsebene ergab sich nun bald durch die Einladung
der VAA-Werksgruppe der BASF Ludwigshafen an jeweils einige
Vertreter von in der DDR in Gründung befindlichen VFCI-Werks-
gruppen. Nach meiner Erinnerung waren das neben Schwarzheide auch Leuna, Bitterfeld und Wolfen. Die Einladung richte-
te sich auch an die Ehepartner, das Treffen fand bereits im Juni
1990, also noch vor der Währungsunion, statt. Freundlicherweise waren wir jeweils bei VAA-Familien untergebracht, auch
die Versorgung während des mehrtägigen Programms war gut
geregelt. Die Anreise erfolgte jeweils mit Privat-Pkw. Das war
sicherheitstechnisch etwas abenteuerlich. Die Autos führten jeweils mehrere Kanister in der DDR getankten Treibstoffs mit,
um nicht gegen Westgeld tanken zu müssen. Wir absolvierten
ein mehrtägiges, uns damals sehr beeindruckendes Programm.
Unter anderem wurden die Schwarzheider von einem Mitglied
des Vorstandes der BASF zu einem Essen ins Kasino eingeladen.
Wir wurden aufgefordert, jeweils auf einem Zettel Fragen oder
Probleme aufzuschreiben, die uns im Umgestaltungsprozess

bewegen. Ich gab auch einen Zettel ab, auf dem ich ausführte, dass in Schwarzheide eine gut vernetzte Forschungseinheit besteht und dass am Standort bei einer Übernahme durch die BASF große Akzeptanzprobleme entstünden, wenn diese Einheit abgeschafft würde.

26 a Autoritäre Leitung ohne Kontrolle und Korrektur?

(Wortmeldung zum Interview mit dem Generaldirektor in der 1. Januarausgabe 1990 der Betriebszeitung „Synthese" des Synthesewerks Schwarzheide)

Aus Kompetenz und Engagement erwächst natürliche Autorität, die ein Leiter benötigt. Unser Generaldirektor hat sich in den vergangenen Jahren einen Vorrat dieser Autorität in der Belegschaft erworben und hat daher eine Legitimation für den notwendigen autoritären Leitungsstil in dem von ihm im Interview vom 2. Dezember 89 angegebenen Sinne.

Wir haben aber in 40 Jahren DDR-Geschichte gelernt, daß eine solche Legitimation zum Verhängnis wird, wenn sie zeitlich unbegrenzt ist und nicht zur Disposition gestellt werden kann. Ich würde daher eine zeitliche Begrenzung der Amtszeit des jeweiligen Generaldirektors befürworten. Noch mehr vermisse ich qualifizierte demokratische Kontrollmechanismen, die auch der Tatsache, daß das Synthesewerk Volks- also auch unser Eigentum ist, Rechnung tragen. Kontrollmechanismen könnten dem Generaldirektor helfen. Einerseits könnten sie dazu dienen, seine Entscheidungen mit vorzubereiten und zu unterstützen, andererseits könnten sie korrigierend wirken. Auch ein Generaldirektor hat die menschliche Eigenschaft, Fehler machen zu können (d. h. auch zu dürfen).

Ich persönlich halte den im Interview geäußerten bewußten Verzicht auf eine qualifizierte Stabsarbeit für einen Fehler. Diese Arbeit kann meines Erachtens nicht durch subjektiv organisierte Konsultation von Experten – auch bei 14-stündigem

Arbeitstag – ersetzt werden. Ihr Fehlen muß sich sehr nachteilig auswirken, wenn der Generaldirektor einmal für längere Zeit ausfällt. Dr. Jeschke führt im Interview die Erfahrungen seiner erfolgreicheren Kollegen im NSW als Argument für das Erfordernis eines autoritären Leitungsstils an. Darin liegt Wahrheit. Zu dieser Wahrheit gehört aber auch, daß es im NSW für einen Konzernchef neben der Möglichkeit autoritärer Leitung eine ganze Reihe von einschränkenden Kontroll- und Korrekturmechanismen gibt: den Aufsichtsrat, die jährliche Aktionärsversammlung, die auf Grundlage des jährlichen Hauptversammlung die Führung durch Wahl bestätigt, kampferprobte Gewerkschaften, die über den Betriebsrat und Ihnen zustehende Sitze im Aufsichtsrat sowie Urabstimmungen Interessen der Belegschaft durchzusetzen versuchen.

Ich möchte mit meinem Beitrag dazu anregen, im Synthesewerk umgehend verbesserte und unserer speziellen Situation entsprechende Kontroll- und Korrekturmechanismen, die die autoritäre Leitung ergänzen und legitimieren, einzurichten und erwarte hier besonders konkrete Aktivität unserer hauptamtlichen Gewerkschaftsfunktionäre. Es gibt darüber hinaus in unserer Belegschaft genügend geeignete Kollegen, die in entsprechenden Gremien qualifiziert mitarbeiten könnten. Ein Vorschlag meinerseits ist, daß von der Werkleitung jährlich ein Geschäftsbericht erarbeitet und nach von Fachgremien zu erstellender Beurteilung der VVV vorgelegt wird, wobei zu prüfen wäre, welche erweiterten Rechte die VVV bekommen muß, um Volkseigentümer-Kompetenzen wahrzunehmen.

Gerd Müller-Hagen

27 Bürgerkomitee

In meiner Heimatgemeinde Großkmehlen gründete sich Ende 1989 ein „Bürgerkomitee". Ich war sofort dabei. Wir trafen uns und besprachen, wer aus unserer Sicht noch dazugehören sollte. Im Zuge der damaligen Aufbruchssituation kamen wir zunächst gar nicht erst auf den Gedanken, unsere Tätigkeit irgendwie legitimieren zu lassen. Wir luden zu Treffen ein, um die allgemeine Situation in unserer Gemeinde zu besprechen. Diese Treffen wurden gut besucht. Der noch amtierende Bürgermeister suchte Kontakt zu uns und war seinerseits um eine Stabilisierung der Lage bemüht. Am 16. Januar 1990 erreichte mich auf meiner Arbeitsstelle in Schwarzheide ein Anruf aus Cottbus. Man stellte sich als das Cottbuser Bürgerkomitee vor, das sich für den gesamten Bezirk Cottbus zuständig fühle und täglich von 8–17 Uhr erreichbar sei. Größtes Problem in Cottbus sei die Verschwiegenheit der ehemaligen Stasis. Ich erwähnte den im Ortsteil Kleinkmehlen im Volksmund sogenannten Stasi-Bunker, der unter den Bürgern Anstoß zur Beunruhigung war und dessen Öffnung erforderlich wäre. Es wurde zugesagt, sich gern an einem Ortstermin zur Öffnung des Objekts zu beteiligen. Einige Zeit später erhielt ich, ebenfalls in Schwarzheide, einen Anruf eines Mitglieds des Bürgerkomitees Großkmehlen, das mir die unmittelbar bevorstehende Öffnung des Bunkers anzeigte. Aus dienstlichem Grund war mir die spontane Teilnahme nicht möglich. Ich verständigte meine Frau. Sie ging hin und fand eine bereits wartende Gruppe von Bürgern vor. Bald erschien auch ein Mann mit dem Schlüssel für den unterirdischen Bunker. Sie sagte diesem Mann, dringend zur Toilette zu müssen, und wurde so als Erste eingelassen. Nach ihrer Beschreibung bestand der Bunker aus mehreren einfach ausgestatteten Räumen, in denen für etwa fünf Personen notwendige Vorkehrungen für einen mehrtägigen Aufenthalt (Betten,

Küche, Aufenthaltsraum, Kommunikationsmittel) vorhanden waren. Bei dem „Stasi-Bunker" könnte es sich um eine für den Ernstfall gedachte ausgelagerte Befehlsstelle für einen der umliegenden Truppenübungsplätze gehandelt haben. Nun wird seit über 30 Jahren dieses Objekt von einer großen Fledermauspopulation („Großes Mausohr") friedlich genutzt.

Mit dem Ergebnis der ersten demokratischen Wahl zur Volkskammer am 18. März 1990 wurde der Weg zur Wiedervereinigung stabilisiert und es galt nun, auch auf kommunaler Ebene demokratische Strukturen zu schaffen. Das Bürgerkomitee half bei der Vorbereitung der Kommunalwahl am 6. Mai 1990 und beteiligte sich mit Kandidaten aus den eigenen Reihen. Ich kandidierte angesichts der mich völlig auslastenden beruflichen Inanspruchnahme nicht. Kommunale Belange sollten mich erst im Ruhestand wieder beschäftigen.

28 Vor der Übernahme 1990

Als Gruppenleiter in der Hauptabteilung Rohstoffforschung des Synthesewerks Schwarzheide war ich zu unbedeutend, um bei Sondierungen und späteren Verhandlungen mit Übernahmeinteressenten der Treuhandanstalt sowie Übernahmeinteressenten überhaupt eine Rolle zu spielen. Deshalb waren mir Termine von Treffen mit Vertretern der BASF in Schwarzheide oder anderswo natürlich nicht bekannt. Ich wusste auch nicht, dass in Ludwigshafen mein Zettel, auf dem ich mich zur Zukunft der Forschung in Schwarzheide besorgt geäußert hatte, an den Koordinator für die weltweite Forschung der BASF auf dem Polyurethangebiet weitergeleitet worden war. Ich hatte mir zwar bei dem Besuch im Juni 1990 ein betriebliches Telefonbuch der BASF Ludwigshafen besorgt, aber das Telefonieren von Ost nach West war wegen Überlastung der wenigen vorhandenen Leitungen sehr beschwerlich. Deshalb erfolgte in diesen Monaten die Kommunikation zwischen der BASF Ludwigshafen und dem Synthesewerk Schwarzheide vorzugsweise über Fernschreiber.

Ich hatte aber keinen Zugang zu einem Fernschreiber.

So erfuhr ich zunächst nicht, dass über ein Fernschreiben eine reguläre Abordnung der BASF ihren Besuch in Schwarzheide ankündigte und darin auch den Wunsch äußerte, dass bei diesem Treffen der Forschungskoordinator Polyurethane der BASF ein Gespräch mit mir führen möchte.

Von diesem Wunsch erfuhr ich zunächst nichts. Möglicherweise stieß der Wunsch auf Befremden in der Schwarzheider Hierarchie (ja sämtlich jetzt ehemalige SED-Kader) und man war sich nicht klar, wie man mit dem Wunsch umgehen wolle. Erst als die Delegation schon in Werk war, wurde ich informiert. Ich konnte mich nicht einmal mit meiner Kleiderordnung darauf einstellen. Es wurde mir vorgeschlagen, an dem gemeinsamen Mittagessen mit der BASF-Abordnung im damaligen Werkhotel teilzunehmen. Ich kannte zunächst keinen der BASF-Delegierten, es war mir deshalb nur sehr bedingt möglich, während des Essens mein Anliegen ordentlich zu artikulieren. So blieb mir nur der Fußweg zwischen dem Werkhotel und dem Verwaltungsgebäude (etwa 200 m), dem Forschungskoordinator aus Ludwigshafen mein Anliegen, der Forschung in Schwarzheide eine Chance für die Zukunft einzuräumen, unter vier Augen ordentlich vorzutragen.

Wir blieben mehrmals stehen, was ich als einen das Gespräch verlängernden Erfolg verbuchte. Zum Schluss sagte er zögerlich zu, die Forschungsaktivitäten in Schwarzheide in den internationalen Verbund der BASF-Polyurethanforschung einzuordnen. Er wies darauf hin, dass eine erhebliche Personalreduzierung erforderlich würde.

Ende Oktober 1990 wurde das Synthesewerk Schwarzheide durch die BASF von der „Treuhand" erworben.

29 Personalabbau

In der Hauptabteilung Forschung des Synthesewerks Schwarzheide gab es bis 1990 unter anderem drei Abteilungen für Polyurethan-Rohstoffforschung mit insgesamt etwa 75 Beschäftigten. Im Zuge der Eingliederung der Schwarzheider Forschungsaktivitäten in den Forschungsverbund der BASF sollten diese 1991 in einer Gruppe „Grundstoffe" mit 21 Mitarbeitern zusammengefasst werden. Ich sollte die Leitung dieser Gruppe übernehmen und hatte den Auftrag, gemeinsam mit dem Forschungsdirektor auf Basis oben genannten Personals diese Gruppe aufzubauen. Man konnte nicht gut schlafen in dieser Zeit. Diese Aufgabe war ohne schwerste Konflikte nicht lösbar. Einige Grundsätze wurden befolgt, um größte Härten auf ein Mindestmaß zu begrenzen, wie:

- Ausgliederung älterer Kollegen durch Vorruhestandsregelungen
- Vermittlung von Mitarbeitern in neu zu gründende Einheiten, z. B. die Betriebskrankenkasse
- Angebot von Teilzeitarbeit
- Bei im Werk beschäftigten Ehepaaren möglichst vermeiden, beide Ehepartner „freizustellen", wie man damals formulierte.

An einzelne Fälle muss ich noch heute denken. Zum Beispiel an die geradeheraus von einer – sehr gut beleumdeten – Laborantin an mich gestellte Frage: „Warum gerade ich?" Ihre Entlassung stand bevor und ich war nicht in der Lage, ihr eine befriedigende Antwort zu geben. Diese Antwort gab es nicht!

Neben den ohnehin nicht befriedigend lösbaren sozialen Fragen war auch unbedingt darauf zu achten, dass die verbleibende Mannschaft qualitativ geeignet sein musste, den bevorstehenden Wettbewerb der Forschungsstandorte innerhalb der BASF zu bestehen.

30 Als Gruppenführer im Kunststofflabor der BASF Ludwigshafen

Das Arbeitsverhältnis meiner Frau änderte sich ab 1991 grundlegend. Ihr Anstellungsverhältnis mit dem Landambulatorium Ortrand endete und sie war genötigt, sich ab 1. April privat als Ärztin niederzulassen. Gleichzeitig bekam ich das Angebot, ab April 1992 zur BASF AG überzutreten und dort für vier Jahre als Gruppenführer für Spezialelastomere und Thermoplastisches Polyurethan im Kunststofflabor zu arbeiten.

Was war zu tun? Damals waren die Entsandten in der BASF in aller Regel Männer und wurden in der Regel von ihren – meist nicht berufstätigen – Frauen begleitet. Meine damals 41-jährige Frau ist sehr kontaktfreudig. Sie hätte zunächst kein Problem damit gehabt, sich in Ludwigshafen anzusiedeln. Allerdings wäre es für sie schwierig geworden, weiterhin in ihrem Beruf zu arbeiten. Nach Beendigung meiner vierjährigen Entsendung wäre in unserem heimatlichen Einzugsbereich für sie eine Niederlassung als Zahnärztin nicht mehr realistisch gewesen. Sie hätte sich allenfalls als Aushilfe, wie Urlaubsvertretung, anbieten können. Wir waren auch im Unklaren darüber, ob ein Schulwechsel für unsere damals 16- und 12-jährigen Kinder ratsam war.

Deshalb kamen wir überein, dass ich versuche, eine nur zweijährige Entsendung anzustreben. Ich trug das in Schwarzheide vor. Nach einigen Gesprächen wurde es akzeptiert. Nun waren noch Randbedingungen abzusprechen. Der entsprechende Bearbeiter im Personalwesen – selbst ein Entsandter aus Ludwigshafen – schlug mir vor, wöchentlich per Bahn oder Auto zu pendeln. Ich lehnte das ab.

Ich hatte großen Respekt vor den mir bevorstehenden Aufgaben in Ludwigshafen und auch dem Erfordernis, Frau und Kinder zu Hause zu unterstützen. Die Vorstellung, jeweils an den beiden Bestimmungsorten übermüdet anzukommen, war mir unerträglich. Die Tatsache, dass die aus Ludwigshafen pendelnden Kollegen selbstverständlich wöchentlich flogen, mochte ich nicht ertragen. Der Herr im Personalwesen gab mir aber zu bedenken, dass es doch einen Unterschied ausmache – aus Ludwigshafen nach Schwarzheide zu müssen oder aus Schwarzheide nach Ludwigshafen zu dürfen!

Schließlich wurde mir das Fliegen, allerdings nur 14-tägig, doch erlaubt. Ich ließ mich nun darauf ein und schickte an die Schwarzheider Geschäftsführung einen Brief, der meine Motivation für diese Entsendung aktenkundig machen sollte:

> *„Entsprechend Ihrer Mitteilung vom 13.01.92 und dem Entsendungsvertrag vom 18.03.92 werde ich am 01.04.92 zur BASF AG, Ludwigshafen, übertreten, um am 01.07.92 die Leitung der Gruppe ZKR/P in der Abteilung Reaktionskunststoffe zu übernehmen.*
>
> *Wie Sie mir erklärt haben, ist dieser Wechsel eine Voraussetzung für eine spätere Übernahme der Leitung der Forschung der BASF Schwarzheide GmbH in Schwarzheide. Obwohl Sie mir auch erklärt haben, dass damit eine Zusage nicht verbunden ist, lege ich Wert auf die Feststellung, dass die Motivation zu diesem Wechsel und mein Einverständnis zu dieser Entsendung wesentlich durch diese Möglichkeit beeinflusst worden ist.“*

Also fuhr ich zum vereinbarten Einstiegstermin zunächst mit dem Auto unter Mitnahme von Umzugsgut nach Ludwigshafen. Als Unterkunft wurde mir ein möbliertes Reihenhaus in Oggersheim zugewiesen, das leer stand, weil dessen Besitzer von seinem Arbeitgeber BASF für mehrere Jahre nach Südamerika entsandt worden war. Einige Zeit lang bewohnte ich das Haus gemeinsam mit einem weiteren Chemiker, der ebenfalls per Entsendung in Ludwigshafen arbeitete. Der 14-tägige Transfer zwischen Kleinkmehlen und Ludwigshafen funktionierte sehr gut. Der Transport zum Flughafen Dresden und zurück wurde durch BASF Schwarzheide sichergestellt. Die Fahrt zwischen dem Flughafen Frankfurt und der BASF Ludwigshafen erfolgte durch die Fahrbereitschaft der BASF AG. In der Regel erreichte ich meinen Arbeitsplatz im Kunststofflabor montags um 9 Uhr und kam freitags gegen 23 Uhr zu Hause in Kleinkmehlen an.

Zu meiner Gruppe gehörten etwa 30 Mitarbeiter. Alle Akademiker der Gruppe waren Männer, auch die Laboranten waren vornehmlich männlich. Zu meiner Gruppe gehörte auch ein Technikum, das ausschließlich von Männern betrieben wurde.

Diese gegenüber der DDR-Realität sehr auffällige Dominanz männlicher Arbeitskräfte in der Industrie führte zu meinem großen Erstaunen zu einer damals staatlich geförderten Untersuchung in der BASF Ludwigshafen, in der zu erkunden war, ob es möglich sei, ausschließlich mit Frauen ein Technikum im Schichtbetrieb zu betreiben. Ich war etwas fassungslos über diesen „Untersuchungsgegenstand", wo doch zu gleicher Zeit Manager auch in Westdeutschland nach dem Herzinfarkt ihr Überleben in einer Intensivstation Frauen im Schichtbetrieb ohne Vorbehalt anvertrauten.

Die Forschungsprojekte meiner Gruppe betrafen Kunden in Deutschland (besonders die Automobilindustrie), in Japan und den USA.

Ich fühlte mich zunächst überfordert. Ich meinte, als Gruppenleiter in der Forschung auch der beste Fachmann sein zu müssen. Für einen Teil der Arbeitsgebiete, die zum Forschungsportfolio der Gruppe gehörten, verfügte ich über keinen eigenen fachlichen Erfahrungshintergrund. Außerdem wurde ich für einen eigenen Laborstand mit drei Laboranten zuständig, der durch mich mit Arbeitsaufträgen täglich zu versorgen war – mir fehlte aber das „Hinterland"!

Ich war sehr verunsichert und zunächst ratlos. Ich fürchtete, dass einige Chemiker meiner Gruppe mich als Zugewanderten aus dem Osten kaum akzeptieren würden. Diese Verunsicherung ist sogar auf dem Foto meines damaligen Ludwigshafener Werksausweises zu erkennen.

Ich beschloss nach einigem Überlegen, offen über meine gefühlten Defizite in meinen ersten Gruppenbesprechungen zu reden. Dieser „Klartext" wurde sehr positiv aufgenommen, ich erlebte großartige kollegiale Hilfsbereitschaft.

Auf dieser Grundlage konnte ich mein umfangreiches Bildungsreiseprogramm (Lehrgänge, Tagungen im In- und Ausland), das mein Abteilungsdirektor mir zu meiner Qualifikation gönnte, ohne Beeinträchtigung der Arbeit in meiner Gruppe gut bewältigen.

Handschlag war nicht üblich. Ich wusste das nicht und führte ihn beim morgendlichen Rundgang durch die mir unterstehenden Labors und Büros ein.

Erst später erkannte ich durch freundschaftlichen, scherzhaften Hinweis, dass ich diesen Brauch – als „Besserossi" – eingeführt hätte. Ich behielt ihn für die Dauer meines Aufenthalts im Kunststofflabor bei. Man sprach gerne Pfälzisch im Labor. Ich verstand es nach einiger Zeit leidlich. Mein Standlaborant erhielt oft Besuch von einem befreundeten Laboranten und warnte diesen eines Tages: „Gib Obacht, der Herr Doktor versteht jetzt auch ein bisschen Deutsch".

Mit „Deutsch" meinte er – in aller Bescheidenheit – Pfälzisch. Dieses besondere, gelassene Selbstbewusstsein kam auch dadurch zum Ausdruck, dass ich häufig im Gespräch veranlasst wurde, zuzugeben, dass es doch nirgendwo anders in Deutschland schöner sein könne als „inne Pfalz". Das tat ich gerne und es half mir bei der täglichen Arbeit mit den Pfälzern. Sofort, am ersten Arbeitstag, bekam ich vor allen anderen Belehrungen, die mir natürlich auch noch reichlich zuteilwurden, einen Jahresplan für die „Weinkerwen", d.h. die Weinfeste, die an nahezu jedem Wochenende des Jahres in dieser Region stattfinden. Das ist schon eine Besonderheit. Ich habe einige Weinfeste besucht und nie alkoholgetriebene Ausschreitungen erlebt. Durchaus eine sympathische Pfälzer Lebensart.

Eine meiner ersten dienstlichen Aufgaben bestand darin, Fördermittel für ein gemeinsames Forschungsprojekt zwischen der BASF und dem Institut für Polymerforschung Dresden zu akquirieren. Obwohl mir der Gegenstand dieses Projekts zunächst noch nicht recht klar war, half mir häufiges Zitieren von in den Förderrichtlinien hervorgehobenen Vokabeln, das Projekt schnell mit einer sehr befriedigenden Fördersumme auf den Weg zu bringen. Offenbar hatte ich in der DDR genügend im Fach „positive Berichterstattung" geübt. Die Beratungen zu diesem Projekt fanden abwechselnd in Dresden oder in Ludwigshafen statt. Weil ich damals aus den Medien erfahren hatte, dass Siemens in Dresden eine große Niederlassung plane, gratulierte ich den Dresdnern für dieses Glück. Sie verstanden mich nicht, denn sie meinten, Siemens habe Glück gehabt. Dieses – zwar etwas übertriebene – Selbstbewusstsein tat mir angesichts der sonst im Osten damals herrschenden allgemeinen Verzagtheit sehr gut.

31 Englisch lernen

Bedingt durch meinen speziellen Bildungsweg hatte ich kein „Schulenglisch". Schon während meines Studiums und auch bei meiner Arbeit in der DDR-Zeit wurden Kenntnisse in Englisch zunehmend wichtig. Besonders nach der Einstellung des „Chemischen Zentralblatts" im Jahre 1969, das seit 1830 in deutscher Sprache alle die Chemie betreffenden Publikationen referiert hatte, wurde auch in der DDR für Chemiker der Gebrauch der englischen Sprache unerlässlich. Jetzt war man auf Gedeih und Verderb auf das Studium der „Chemical Abstracts" angewiesen, das englischsprachige und weltweit einzig verbliebene Chemiepublikationen referierende Medium. Also musste ich mich seit 1969, mit dem Wörterbuch in der Hand, bemühen, Inhalte in den Chemical Abstracts referierter Arbeiten zu verstehen. Das führte zu gewissen Fertigkeiten, ein aktiver Gebrauch der englischen Sprache, gar eine mündliche Diskussion, war aber auf dieser Grundlage unmöglich.

Im Jahre 1991 nahm ich in einem Hörsaal der BASF in Ludwigshafen als Mitglied einer Gruppe von Schwarzheider Forschern an einer Vortragsveranstaltung teil. Ursprünglich sollte diese Veranstaltung auf Englisch abgehalten werden. Mit Rücksicht auf unsere geringeren Englischkenntnisse wurde diese Tagung auf Deutsch zelebriert. Es begab sich, dass ein Referent aus Ludwigshafen mitten in seinem Vortrag eine Zwischenfrage von einem Amerikaner – auf Englisch – erhielt. Der Redner beantwortete die Frage englisch und setzte aus Zerstreutheit den Rest seines Vortrags auf Englisch fort.

Mir wurde schlagartig klar, wo die Messlatte lag, wenn wir von der Forschung Schwarzheide aus im BASF-Konzern dauerhaft eine Rolle spielen wollten. Ich kaufte einige der damals im Handel erhältlichen Kassettenkurse zum Erlernen und Einüben von Sprachfertigkeiten in Englisch und musste leider feststellen, dass ich abends regelmäßig beim Abspielen der Sprachprogramme einschlief. Es war sehr erfreulich, dass die BASF selbst Englischkurse unter Einsatz von Fachkräften, teilweise „Native Speakers" anbot, die entweder stundenweise während der Dienstzeit oder sogar ganztags außerhalb des Betriebs angeboten wurden. Hier kam ich besser voran.

Im Jahre 1991 nahm ich an der Universität Bristol an einem Lehrgang für Polymerphysik teil. Schon mein Flug von Berlin-Tempelhof über Brüssel nach Bristol mit anschließender Taxifahrt zur Stätte des Lehrgangs war eine Art Prüfungsaufgabe. Die Lehrgangsteilnehmer waren gänzlich englischsprachig, sie kamen aus Großbritannien und Ländern des Commonwealth of Nations. Die internationalen Referenten waren mir teilweise aus der Literatur bekannt. Es war auch eine Abschlussarbeit anzufertigen. Das überforderte mich. Ein sehr netter Walliser aus Cardiff stand mir so gut bei, dass auch meine Lehrgangsteilnahme als positiv abgerechnet werden konnte. Sehr bald ergab sich für mich auch die Notwendigkeit, innerhalb der BASF-Gruppe Vorträge auf Englisch zu halten. Zunächst versuchte ich, mein deutsches Manuskript von einer Übersetzerin ins Englische übertragen zu lassen. Hier musste ich aber feststellen, dass dieser Weg nicht geeignet war, meine „Botschaft" klar herüberzubringen. Daher war ich veranlasst, in meinem damals sehr beschränkten englischen Wortschatz diese Vorträge selbst auszuarbeiten. Mir hat das niemand übel genommen. Innerhalb dieser international agierenden Firma kam es ja, wie ich lernte, oft vor, dass Mitarbeiter nur über lückenhafte englische Sprachkenntnisse verfügten.

Die größte Bewährungsprobe für mich war, als ich als ein Verantwortlicher für den Neubau einer Anilinfabrik in Schwarzheide den Auftrag bekam, eine schon im Betrieb befindliche und im Wesentlichen baugleiche Anilinanlage der BASF in Louisiana gründlich zu studieren.

Louisiana bedeutete Südstaaten-Englisch und ich fürchtete daher zusätzliche Probleme meinerseits bei der Verständigung.

Also galt es, sich minutiös vorzubereiten. Ich füllte ein ganzes Heft mit englisch formulierten Fragen aus und ließ entsprechend Zwischenraum für die Antworten meines amerikanischen Gesprächspartners frei. Ich folge damit dem Motto: Wenn man schon behindert ist, sollte man sich geeignete Krücken bauen. Meine Frau berichtete, dass ich nachts englisch fantasierte. Außerdem flog ich schon zwei Tage früher dorthin, blieb den ganzen Tag im Hotel und hörte ununterbrochen den lokalen Fernsehsender, um den Südstaaten-Slang zu adaptieren. Nun konnte der dreitägige Besuch in dem Werk beginnen. Der Betriebsleiter nahm sich sehr viel Zeit für mich und ich konnte meine vorbereiteten freien Zeilen mit seinen Angaben bezüglich der Konfiguration und der Fahrweise seiner Anilinanlage fein ausfüllen.

Zum Abschied erzählte er mir, dass er drei Jahre in Ludwigshafen gearbeitet hatte. Er hatte das mir gegenüber, auch beim privaten Gespräch über unsere Familien und Hobbys völlig verschwiegen. Ich hätte mir also den ganzen Vorbereitungsaufwand sparen können!

Aber dann hätte ich weniger gelernt.

32 Einsicht in meine Stasi-Akten – Erleichterung und Seelenschmerz

Natürlich stellte ich sofort, nachdem nach der Wiedervereinigung „Der Bundesbeauftragte für die Unterlagen des Staatssicherheitsdienstes" (Gauck-Behörde) aktiv wurde, einen Antrag auf Einsicht in meine Stasi-Akten.

Ich war ja mindestens dreimal in meiner Biografie recht heftig mit dieser sehr speziellen Einrichtung der DDR in Berührung gekommen. In den Episoden 9, 10, 15, 16 und 19 musste ich das bereits erwähnen. Nun wollte ich natürlich aus der Offenlegung der Stasi-Unterlagen Klarheit darüber erlangen, wie die Stasi „meine Fälle" bearbeitet hatte und wer aus meinem Umfeld dabei mitgewirkt hatte. Ich wollte mit der Sache abschließen und mich entspannt der Gestaltung meines weiteren Lebens zuwenden. Die erste Lieferung von Kopien aus meinen Stasiunterlagen erhielt ich im Juni 1994, hierin war auch eine größere Zahl von Berichten „Inoffizieller Mitarbeiter", natürlich nur unter ihren Decknamen, enthalten. Die Entschlüsselung der Decknamen musste ich mit einem weiteren Antrag veranlassen.

Am 10. Oktober 1995 erhielt ich einige Klarnamen. Andere waren noch nicht ermittelbar, ich verzichtete aber – wegen der geringen Relevanz ihrer mich betreffenden Berichte – auf einen weiteren Antrag zur Entschlüsselung dieser Klarnamen. Sehr erleichtert war ich darüber, dass keine Berichte von meiner Schwiegermutter oder ihrem Umfeld vorhanden waren. Ich hatte sie leider im Verdacht, dem MfS mit Informationen gedient zu haben, weil ich bei „Gesprächen" 1974/75 durch die Stasi im Synthesewerk Schwarzheide mit sehr detaillierten Informationen aus meinem engeren familiären Umfeld konfrontiert worden war. Dieser Verdacht hatte das Klima zwischen ihr und mir belastet. Bei jedem Besuch trat ich ihr gegenüber zurück und war recht einsilbig. Diese Reserviertheit meinerseits quittierte sie mit Ablehnung. Die einfachste Lösung des Problems wäre gewesen, ich hätte ihr gegenüber meinen Verdacht geäußert. Das war aber unter den damaligen Bedingungen in der DDR für mich nicht vorstellbar. Nachdem ich meiner Schwiegermutter 1995 sagen konnte, dass ich ihr gegenüber einen scheußlichen Verdacht gehegt hatte, verbesserte sich unser Verhältnis bis zu ihrem Tode grundlegend.

So weit, so erleichternd.

Es stellte sich aber leider heraus, dass die Detailinformationen, die ich meiner Schwiegermutter zugeordnet hatte, von einem meiner sehr vertrauten Kollegen stammten. Er hatte meiner Forschungsgruppe angehört, ich teilte einige Jahre lang zusammen mit ihm und einer weiteren Kollegin das Büro. Wir waren untereinander, wie wir meinten, sehr vertraut und offen. Ich hatte mir trotz meiner einschlägigen Erfahrungen nicht vorstellen können, dass aus „unserem Zimmer" Informationen auf kürzestem Wege durch einen „Inoffiziellen Mitarbeiter des Ministeriums für Staatssicherheit" weitergeleitet würden. Das war sehr enttäuschend. Ich ärgerte mich auch über mich selbst, weil ich bisher meinte, einen Stasi-Spitzel „riechen" zu können. Dieser Spitzel war wie auch ich im Jahre 1991 als Außertariflicher Angestellter in die BASF übernommen worden. Mit dieser Übernahme war die Abgabe einer persönlichen Erklärung verbunden. Erster Punkt dieser Erklärung war die Auskunft, ob der Übernahmekandidat für das Ministerium für Staatssicherheit der DDR tätig gewesen war. Es wurde darauf aufmerksam gemacht, dass falsche Angaben zu dieser Frage das Vertrauensverhältnis mit dem Arbeitgeber sehr schädigen würden. Ich habe, nachdem ich wusste, dass mein Denunziant zu feige gewesen war, in der Erklärung seine Stasitätigkeit anzugeben, einige Tage damit gerungen, ob ich der Personalabteilung meine Betroffenheit mitteile. Schließlich kam ich nicht an mir vorbei. Ich konnte mich nicht quasi postum an der Konspiration der Stasi beteiligen, nachdem ich jahrzehntelang vermieden hatte, mich in dieses Nest zu setzen. Ich teilte der Personalabteilung meine Betroffenheit mit. Der ehemalige Kollege wurde gegen eine Abfindung „freigestellt". So unausweichlich mir meine Handlungsweise erschien, so wenig war ich damit zufrieden. Mir tat die Seele weh, weil ich annahm, dass mein Denunziant ein vergleichsweise kleiner Spitzel im Synthesewerk gewesen war. Im Jahre 1989 gab es im Synthesewerk Schwarzheide 208 Inoffizielle Mitarbeiter des MfS sowie sieben hauptamtliche MfS-Angehörige einschließlich eines „Offiziers im besonderen Einsatz".

Hätte er doch seine Verstrickung angegeben!

Es wäre ihm vermutlich nichts passiert.

Noch schöner wäre es gewesen, würde mein Denunziant, der mit mir ja – angeblich – freundschaftlich verbunden war, mir gesagt haben, dass er über mich berichtete.

Das war immer möglich, auch in der DDR.

33 Mitglied im Bundesvorstand des VAA 1995–1997

Von 1995 bis 1997 war ich gewähltes Mitglied des Vorstands im Verband der Angestellten Akademiker und Leitenden Angestellten in der chemischen Industrie (VAA). Alle vier Wochen nahm ich an Sitzungen, jeweils sonnabends in Köln, teil.

Besonderes Ziel meines Engagements in diesem Vorstand war die Vertretung der Interessen von VAA-Mitgliedern aus dem Osten. In der damaligen, von radikalen Umbrüchen gekennzeichneten Lage waren viele VAA-Mitglieder von arbeitsrechtlich einschneidenden Veränderungen, die bis zu Kündigungen gingen, betroffen.

Auf entsprechenden Antrag wurden die jeweiligen Probleme im Vorstand besprochen, der meist per Beschluss zustimmte, die jeweilige juristische Vertretung durch einen VAA-Juristen zu übernehmen. Dieser juristische Beistand war für VAA-Mitglieder kostenlos. Hier hat der VAA sich große Verdienste erworben.

Schon damals diskutierten Mitglieder des Vorstands angesichts der erfolgten Gründung des „Verbandes der Chemischen Industrie Nordost", der auch das vereinigte Berlin einbezogen hatte, nun die Gültigkeit des Akademiker-Manteltarifvertrages der Chemischen Industrie, wie er in der BRD galt, auch auf den Osten auszudehnen. Der damalige Hauptgeschäftsführer des VAA, Herr Fischer, hatte dieses Thema bei Gesprächen mit dem Bundesarbeitgeberverband Chemie mehrfach vorgebracht, aber noch keinen Erfolg erreicht.

Mit größtem Erstaunen erfahre ich heute, im Jahr 2023, dass sich an dieser Situation noch nichts geändert hat. Ich staune und kann es nicht fassen. Noch heute, 33 Jahre nach der Wiedervereinigung Deutschlands, verzichtet jeder Hochschulabsolvent, der heute einen Arbeitsvertrag mit einem Unternehmen in den fünf „neuen" Ländern oder dem ehemaligen Ostberlin unterschreibt, auf die Vorteile aus oben genanntem Manteltarifvertrag. Er oder sie müsste über die erheblichen Nachteile, die sich daraus z. B. für die betriebliche Altersversorgung ergeben, aufgeklärt werden.

Mir ist leider nicht bekannt, dass der VAA seine inzwischen etwa 3000 studentischen Mitglieder über diese Falle aufklärt.

Das Thema Karriereaussichten von Akademikerinnen in der chemischen Industrie war auch Thema im damaligen VAA. In einer Delegiertentagung, etwa 1996, berichtete die Vorsitzende einer entsprechenden Arbeitsgruppe, eine Chemikerin der Bayer AG, über den unbefriedigenden Stand der Dinge.

Ihr schlagendes Hauptargument versetzte mich in helles Staunen:

Sie hatte herausgefunden, dass weniger als 10 % der Chemikerinnen in der Bundesrepublik – den Osten hatte sie bei ihrer Erhebung gar nicht erfasst – ein Kind bekämen. Sie verwahre sich daher entschieden gegen das Frauen gegenüber im Karrieregespräch von Vorgesetzten benutzte Argument, dass es mit der Karriere von Chemikerinnen so eine Sache sei, da sie ja Kinder bekommen könnten. Angesichts der Faktenlage sei dieser Vorbehalt doch von geringer Relevanz.

Ich versuchte von meinem Platz im Vorstandspodium aus, durch Zwischenfragen sie davon abzubringen, die Lösung darin zu sehen, karrieremäßig als Chemikerin quasi als geschlechtslos eingruppiert zu werden.

Sie verstand mich nicht. Meine (westdeutschen) Vorstandskollegen auch nicht.

Ich hoffe, dass diese Diskussion heute anders verliefe und das Ziel der Vereinbarkeit von Familie und Beruf nicht infrage stünde.

34 Mitarbeit im Arbeitgeberverband Chemie Nordost

Nachdem ich im Jahr 1996 zum Bereichsleiter für Forschung in der BASF Schwarzheide ernannt worden und Prokurist geworden war, erschien mir meine Tätigkeit als „Gewerkschaftsfunktionär" im VAA-Vorstand in Köln nicht mehr passend.

Ich nahm jetzt an Aktivitäten im Verband der Chemischen Industrie, Landesverband Nordost, teil. Von 1997 bis 2005 war ich dort stellvertretender Leiter im Arbeitskreis Forschung und Innovation. Die jährlichen Hauptversammlungen fanden jeweils in einem anderen „neuen" Bundesland statt. Meist ehrte uns der jeweilige Ministerpräsident durch eine Begrüßungsansprache.

Ein damaliger brandenburgischer Ministerpräsident begrüßte uns als die lieben Aufbauhelfer im Osten. Er konnte sich offenbar gar nicht vorstellen, dass im Publikum auch „seine Landeskinder" sitzen könnten. Obwohl mein Habitus und mein Dialekt keinerlei westdeutsche Herkunft nahelegten, fragten andere Tagungsteilnehmer mich wiederholt danach, wie ich mich denn „hier im Osten" eingelebt habe. Man ging also selbstverständlich davon aus, dass ich in diesem Gremium aus Westdeutschland kommen müsse. Ich fand schon beklemmend, mich hier ähnlich wie im – natürlich westdeutsch geprägten – Kölner VAA-Gremium behandelt zu sehen (s. auch Episode 33).

Leider wird noch heute, 2023, die fehlende Präsenz Ostdeutscher in ostdeutschen Führungsgremien beklagt.

Vor den jeweiligen Hauptversammlungen wurde im Führungsgremium des Landesverbands Nordost beratschlagt, welche Forderung man dem entsprechenden Ministerpräsidenten offerieren sollte. In aller Regel wurde von dem Ministerpräsidenten der Wunsch des Verbandes positiv entgegengenommen und eine sehr wohlwollende Prüfung zugesagt. Meist ging diese dann aber ergebnislos aus.

Ganz anders der Ministerpräsident von Sachsen-Anhalt, damals Wolfgang Böhmer. Die vorher im Arbeitgeberverband Chemie Nordost abgesprochene Bitte, dass das Land Sachsen-Anhalt das Institut für Technische Chemie an der Universität Halle stärken möge, lehnte er noch in der gleichen Tagung mit einer schlüssigen Begründung ab:

Die Technische Chemie sei bereits an den nur zwei Autostunde voneinander entfernten Universitäten Leipzig und Magdeburg gut vertreten. Er wolle deshalb seine knappen Landesmittel nicht für den Ausbau einer bereits gut für die Industrie seines Bundeslandes erreichbaren Dienstleistung einsetzen. Mich beeindruckte dieser ansonsten als sehr schweigsam bekannte Mann.

35 Arbeit als Leiter von Produktionsabteilungen in der BASF Schwarzheide

1994 kehrte ich nach Schwarzheide zurück. Mein ursprünglicher Wunsch (s. Episode 30), die Leitung der Forschung in Schwarzheide zu übernehmen, erfüllte sich zunächst nicht. Ab Oktober wurde ich Leiter Abteilung Chemikalien/PPC. In dieser Abteilung waren wesentliche Aktivitäten der Isocyanatproduktion (Synthesegaserzeugung, Chlor- und Salzsäurebetrieb, Herstellung von Nitroaromaten und deren Hydrierung) zusammengefasst. Ende 1995 erfolgte eine Erweiterung meiner Zuständigkeiten um die Isocyanatproduktion.

Ich wurde nun Leiter des Geschäftsfeldes Chemikalien/Isocyanate. Nachdem ich mehr als 20 Jahre „nur" als Forscher gearbeitet hatte, war dieser Wechsel durchaus eine Herausforderung. Meine Ausbildung als Chemiefacharbeiter (s. Episode 7) erwies sich nun als sehr hilfreich. Die mir unterstellte Belegschaft von etwa 300 Mitarbeitern bestand größtenteils aus Chemiefacharbeitern. Ich konnte im Gespräch mit ihnen auf diese gemeinsame Basis zurückkommen.

Meine Tätigkeit als Abteilungs- und später Geschäftsfeldleiter in der Produktion von Isocyanaten und deren Vorprodukten fiel in einen sehr bewegten Zeitraum, in dem ein umfangreiches Erweiterungs- und Intensivierungsprogramm der entsprechenden Anlagen – bei parallel stattfindendem kontinuierlichem Produktionsbetrieb – zu absolvieren war. Dabei musste eine sehr gute Qualität der installierten Anlagen gesichert werden. Sie mussten im Verbund betrieben werden, das heißt „im Gleichschritt" in Betrieb gehen: Anlage A liefert Produkt a, dieses wird sofort als Rohstoff in Anlage B zur Produktion von Produkt b eingesetzt, Produkt b wird in Anlage C umgewandelt zu Produkt c usw. Aus Kostengründen wurden keine nennenswerten Lager für die Zwischenprodukte (a, b, c ...) vorgesehen. Diese

Herausforderung wurde erfüllt und ich denke noch heute mit großer Dankbarkeit an die beteiligten Akteure.

Es gelang, diese Wertschöpfungsketten über viele Monate ohne jeglichen Stillstand zu betreiben. Bei den planmäßigen Stillständen zur Jahresrevision wurden Verschleißteile ausgewechselt und fast immer technische und Verfahrensverbesserungen installiert.

Natürlich gab es auch Ereignisse, die einen Halt zwischendurch erforderten. Hier war es nötig, eine gute Vertrauenskultur der an der Wertschöpfungskette beteiligten Betriebsleiter zu entwickeln, damit diese außerordentlichen Stillstände mit einem Minimum an Produktionsausfall ablaufen konnten. Sehr ertragreich für mich waren die in der BASF-Welt üblichen internationalen Erfahrungsaustausche vor Ort. Hier konnte man jeweils von den Erfahrungen der Kollegen profitieren und gegebenenfalls auch eigene Anregungen einbringen (s. Episode 31).

Ich bin sehr dankbar, dass ich während meiner Tätigkeit als Zuständiger für einige Störfallbetriebe keinen schweren Unfall zu verantworten hatte.

Unmittelbar vor Übernahme durch die BASF war Schwarzheide ein integrierter Polyurethan-Standort. Hier wurden alle relevanten Polyurethanrohstoffe (MDI, TDI, Polyetherole, Polyesterole) produziert, hier erfolgten Forschung und Entwicklung von Polyurethanrohstoffen und Polyurethananwendungen, es gab einen weit gehenden anwendungstechnischen Kundendienst, ein in Kalt- und Heißmischstation differenziertes Systemhaus und die entsprechende Vertriebsorganisation.

Das waren hervorragende Bedingungen für Polyurethanforschung an unserem Standort Schwarzheide.

Innerhalb der BASF-Gruppe waren vor 1990 die Polyurethanaktivitäten breit gestreut:
Die Hauptstandorte für die Herstellung von Polyurethanrohatoffen waren Geismar und Wyandotte (USA), Antwerpen, Zingonia und Korea. In Europa gab es noch keine TDI-Fabrik.
Für die Forschung zu Rohstoffen und Anwendungstechnik waren vor allem Ludwigshafen und Wyandotte (USA) zuständig. Standorte für anwendungstechnische Entwicklungsarbeiten waren vor allem Ludwigshafen, Wyandotte(USA) und Elastogran GmbH (Lemförde und Olching).

Nach Übernahme des Standorts Schwarzheide waren die Polyurethanaktivitäten in der BASF-Gruppe neu zu ordnen.

Dabei wurden ab 1991 bisherige Schwarzheider Zuständigkeiten für Marketing und Vertrieb der Elastogran GmbH übertragen. Hierfür erfolgte mit Übernahme von BSW-Mitarbeitern die Gründung der Elastogran Schwarzheide GmbH. Somit fiel ein erster Bestandteil des oben erwähnten „integrierten

Polyurethankomplexes" heraus, was mit späterer Schließung des Elastogran-Standortes Schwarzheide auch räumlich offenkundig wurde.

Da die BASF AG den Standort Schwarzheide von Anfang an nicht als „Verbundstandort" sah, wurden wesentliche Erweiterungen der Polyurethanproduktion (Stichwort „Worldscale- Anlagen") hier nicht geplant. Da es in Antwerpen eine ausreichende MDI-Kapazität gab, wurde in Schwarzheide in den 90er-Jahren die MDI-Produktion geschlossen. Jetzt konnte die TDI-Produktion unter maximaler Nutzung der realisierbaren Synthesegaskapazität erheblich erweitert werden. Das war im Rahmen der gebotenen Möglichkeiten bis 2020 sehr erfolgreich. Mit Einstellung der MDI-Produktion entfiel aber ein weiteres Kriterium für den eingangs als sehr vorteilhaft erwähnten „Integrierten Polyurethanstandort".

Ein Vorstandsbeschluss der BASF legte im Jahre 1997 fest, Zuständigkeiten für die Polyurethanforschung neu zu ordnen.
Schwarzheide erhielt die weltweite Zuständigkeit für die Rohstoffforschung, Elastogran für die Systemforschung.
Die Aktivitäten im Kunststofflabor Ludwigshafen wurden geschlossen. Es erfolgte bezüglich Systemforschung ein Transfer von Personal, Know-how und Gerätschaften aus Ludwigshafen nach Lemförde. Auch aus Schwarzheide wurde die Systemforschung durch Transfer von Personal, Know-how und Gerätschaften nach Lemförde verlagert.
Durch Transfer von Personal und Know-how von Ludwigshafen nach Schwarzheide sowie von Personal von Wyandotte nach Schwarzheide wurde die Konzentration der Rohstoffforschung in Schwarzheide vollzogen. Ich durfte als Prokurist diesen Bereich ab Dezember 1997 leiten. Ich fühlte mich durch meine vormalige Forschungstätigkeit in Schwarzheide und Ludwigshafen sowie meine Produktionserfahrung auf dem Gebiet der Isocyanate und deren Rohstoffe in Schwarzheide gut vorbereitet für diese Aufgabe. Ich kannte bereits viele der für BASF weltweit

tätigen Produktionsleiter auf dem Gebiet der Polyurethanrohstoffe, für die mein Bereich jetzt arbeiten durfte.

Mit der Entscheidung der BASF, dem Bereich Forschung in
Schwarzheide die weltweite Zuständigkeit für das wichtige Ar-
beitsgebiet der Polyurethan-Rohstoffforschung zu übertragen,
schien die Zukunft des Bereichs Forschung in Schwarzheide
gesichert. Es gelang, das Team erfahrener, in der BASF-Gruppe geachteter Wissenschaftler aus „Synthesewerkzeit" im Rahmen deutschlandweiter Ausschreibungen durch insgesamt etwa
25 erstklassige, sehr motivierte Akademiker zu erweitern. Das
gelang trotz der damals noch größeren West-Ost- Gehaltsdif-
ferenz. Durch entsprechende Projektvorschläge konnten auch
Forschungsthemen außerhalb des Unternehmensbereichs Polyurethane sowie für die exploratorische Forschung akquiriert
werden. So wurde die finanzielle Basis des Bereichs Forschung
in der BASF Schwarzheide gestärkt. Die standortnahe universi-
täre und außeruniversitäre Forschungslandschaft Berlin-Bran-
denburg und Dresden wurde in geeignete Projekte eingebunden.

Jedes Jahr wurde in Schwarzheide ein BASF-interner, aber über-
regionaler „Forschungstag" veranstaltet. So wurden zum Sieben-
ten Forschungstag der BASF Schwarzheide 13 Fachvorträge von
Autoren aus Schwarzheide, dem Ammonlabor Ludwigshafen, der
BASF Wyandotte und der Elasogran Lemförde gehalten. 33 Pos-
terbeiträge wurden präsentiert und diskutiert. Auch eine Reihe
von Kunden aus der BASF-Welt der Polyurethanrohstoff-Produ-
zenten war anwesend. Der Siebente Forschungstag in Schwarzheide war ein ganz besonderer, denn er fand am 12. September
2001, also am Tag nach „Nine Eleven" statt. Wir alle, ganz besonders natürlich unsere amerikanischen Gäste, waren erheblich geschockt. Natürlich hatte unser Büro für alle auswärtigen
Gäste Übernachtungen bestellt. Ich bemerkte aber, dass zwei
Amerikaner (eine Frau und ihr Mitarbeiter) sehr zögerten, unser Übernachtungsangebot in Dresden (Hotel Bellevue mit Blick
zur Altstadt) anzunehmen. Sie waren mit touristisch „schönen

Aussichten" angesichts des Schocks durch die Zerstörung der Twintower mit unabsehbarer Sperrung des Luftraums für ihren Rückflug nicht zu reizen. Also bot ich ihnen eine private Unterkunft bei mir zu Hause an. Hier konnten die beiden neuen Freunde ganz entspannt mit ihren Familien telefonieren, ihre Wäsche waschen und „hart am Ball" bezüglich ihrer Rückflüge sein. Natürlich blieb auch Zeit, unsere Landschaft zu erkunden.

Diese insgesamt am Standort sehr positiv wahrgenommene Entwicklung führte dazu, in den Unternehmensleitlinien BASF Schwarzheide als „Produktions- und Forschungsstandort" zu titulieren. Angesichts der Tatsache, dass das BSW-Forschungsbudget nur wenige Zehntelprozent des Forschungsbudgets der BASF-Gruppe betrug, finde ich heute diese Formulierung unangemessen. Möglicherweise trug diese herausfordernde Großspurigkeit zur Niederlage von Schwarzheide im internen Wettbewerb der F&E-Standorte der BASF bei.

37 Schließung des Bereichs Forschung in der BASF Schwarzheide

In Gremien der BASF wurde Ende 2002 festgelegt, die weltweite Zuständigkeit des Standorts Schwarzheide für die Polyurethan-Rohstoffforschung zu beenden. Monate später wurde ich von der Geschäftsleitung BSW darüber vertraulich in Kenntnis gesetzt, konnte also darüber nicht kommunizieren. Im Mai 2003 wurde ich vom Forschungskoordinator Polyurethane vorgeladen, informiert und damit beauftragt, die neue Lage zu verkünden, und um Mitarbeit bei der erforderlichen Personalanpassung gebeten.

Als Reaktion auf die entstandene Unruhe in der Belegschaft Schwarzheide lud im Juni 2003 der stellvertretende Aufsichtsratsvorsitzende der BASF Schwarzheide und stellvertretender Vorsitzender der Gewerkschaft IGBCE, Jürgen Walter, zu einem Gespräch in das Berliner Büro der IGBCE ein. An dem Gespräch nahmen weiterhin der Leiter des Unternehmensbereichs Polyurethane der BASF, Herr Dhanis, der Geschäftsführer Produktion der BASF Schwarzheide, Herr Förster, und der Bereichsleiter Forschung der BASF Schwarzheide, ich, teil.

Herr Dhanis dankte den Forschungsmitarbeitern in Schwarzheide für die ausgezeichnete für seinen Unternehmensbereich geleistete Arbeit. Er stellte aber klar, dass eine geänderte Strategie seines Unternehmensbereichs es trotzdem erfordere, die Polyurethanrohstoff-Forschung nach Ludwigshafen zu verlagern. Herr Walter stimmte dem Ansinnen zu, denn er hatte in einschlägigen Gremien ja bereits zugestimmt. Es wurde abgesprochen, den Bereich Forschung in Schwarzheide zum Jahresende 2005 aufzulösen. Mir verblieb die Aufgabe, die nun erforderliche Senkung des Personalstandes, ausgehend von 172 Mitarbeitern, zu vollziehen und das nach Verlagerung der Forschungsaktivitäten verbleibende beachtliche intellektuelle Potenzial für

Verfahrensoptimierung, Technikumsleistungen und Prozessanalytik am Standort Schwarzheide zu nutzen. Wie ich heute, 2023, von ehemaligen Kollegen höre, wurde dieser Weg nachhaltig und erfolgreich beschritten.

Meine Karriere bei der BASF endete 2006 sehr anders als von mir erhofft mit dem Abbau des Forschungsstandorts Schwarzheide. Als einziger Trost blieb mir, dass in diesem Fall – anders als in Episode 29 beschrieben – keinem der „freigesetzten" Mitarbeiter gekündigt werden musste.

Traurig bin ich auch darüber, dass die BASF nunmehr zu den DAX-Konzernen gehört, die im Osten Deutschlands vornehmlich „verlängerte Werkbänke" betreiben wollen und damit auch auf optimale standortnahe Nutzung des sehr gut entwickelten Forschungspotenzials dieser Region weitgehend verzichten.

38 Gestaltung des „Lebensabends", zunächst als Chemiker

Bis zu meinem Ausscheiden aus dem aktiven Dienst im Jahr 2006 hatte ich mir keinen Plan gemacht, wie ich die nun anfallende viele Zeit verwenden würde. Zunächst geriet ich, auch angesichts der Tatsache, dass meine Frau ihre Praxis ja noch weiterführte, ein bisschen in Panik. Allein Haus und Garten erschienen mir zunächst nicht ausreichend. Heute, im Jahr 2022, stelle ich dankbar fest, dass sich bisher alles gut fügte. Es ergaben sich genügend Möglichkeiten, mich einzubringen.

So bekam ich von der Brandenburgischen Technischen Hochschule Cottbus für zwei Sommersemester Lehraufträge für Vorlesungen zum Thema Industrielle Kunststoffe. Diese Tätigkeit wurde später durch weitere Vorlesungen an der Fachhochschule Lausitz zum Lehrgebiet Industrielle Kunststoffherstellung, verbunden mit Exkursionen und kleinen Praktika, ergänzt. In Cottbus wie in Senftenberg richteten sich die Vorlesungen an Studenten niedriger Studienjahre, die nur zum Teil einen chemienahen Beruf anstrebten. Als für mich reizvoller erwiesen sich Beraterverträge mit dem „Zentrum für angewandte Forschung und Technologie" an der Hochschule für Technik und Wirtschaft Dresden. Hier war ich beratendes Mitglied eines Forschungsteams, dessen Mitglieder unter Anleitung einer Professorin an ihren Diplomarbeiten beziehungsweise Dissertationen arbeiteten. Das war „echte" Arbeit. Vorlesungen sind auch erforderlich, aber immer wieder reproduzierende Lehrdarbietungen vor einem nur bedingt interessierten Publikum waren für mich, wie ich herausfand, weniger motivierend. Das Team an der Hochschule für Technik und Wirtschaft in Dresden befasste sich mit Aspekten der Tribologie (Reibungslehre). Ziel war die Senkung der Reibungskräfte an Kunststoffoberflächen (z. B. Elastomerbauteilen) durch Oberflächenveredlung. Dadurch sollten Wege zur Kostensenkung durch Energieeinsparung z. B. beim Betrieb von Lagern und Dichtungen erschlossen werden. Unter diesem Aspekt war unter dem Thema „Oberflächenveredlung und Anwendungsprüfung von Elastomerbauteilen" eine Strategie zur

- Produktionsstabilität der chemischen Schritte der Oberflächenveredlung,
- der Prozessanalytik
- von Qualitätssicherungsmethoden und
- Produktstabilität auszuarbeiten.

Hierfür waren Versuche an modifizierten Versuchsanordnungen im Labor und im Technikum der Hochschule auszuführen. Gemeinsam erfolgten vorbereitete Diskussionen an verschiedenen Fraunhofer-Instituten Dresdens. Auch meine langjährigen Kontakte mit dem Institut für Polymerforschung Dresden konnte ich fördernd in die Projektarbeit einbringen. Sehr wichtig waren auch zu einem frühen Stadium der Projektbearbeitung Besuche von und Diskussionen mit mittelständischen sächsischen Produktionsbetrieben, die Kunststoffkleinteile wie Dichtungen mit und ohne Oberflächenmodifizierung herstellen. Ich hielt das aufgrund meiner jahrzehntelangen Erfahrungen für wichtig. So konnten die Diplomanden und Aspiranten schon von Anfang an die Konditionen in der realen „Produktionswelt" bei der Gestaltung des Designs ihrer Versuchsanlagen berücksichtigen. Das ist entscheidend für den ja angestrebten Gesamterfolg des Forschungsprojekts, für den ein möglichst früher und guter Umgang mit dem Produzenten notwendig ist, bei dem der Forschungsaufwand sich bezahlt machen soll.

Es war eine insgesamt sehr angenehme Beratertätigkeit, die bis zum Jahre 2009 andauerte.

39 Beteiligung an der Entwicklung der heimatlichen Gemeinde Großkmehlen

Nachdem wir schon 1976 unser Haus in Kleinkmehlen bezogen hatten, war ich nach entsprechender Rücksprache bereit, im Jahre 2009 mich als Kandidat für die anstehende Bürgermeisterwahl zur Verfügung zu stellen. Die Gemeinde besteht aus den Orten Großkmehlen, Kleinkmehlen und Frauwalde. Es kandidierten drei Bewerber. Ein Kandidat kandidierte für die CDU, ein Kandidat für eine unabhängige Liste und ich als Einzelkandidat. Es wurde eine Stichwahl erforderlich und ich gewann die Wahl. Das war für mich überraschend, weil ich mit Ausnahme der Wendezeit 1989/90 in der Kommune wegen starken Engagements in meinem Beruf nicht in Erscheinung getreten war. Ich war zwei Wahlperioden lang Bürgermeister.

Neben meiner „normalen" Tätigkeit als Bürgermeister, auf die ich hier nicht eingehe, waren die Gründung und Begleitung einer Projektpartnerschaft der Gemeinde mit der Deutschen Stiftung Denkmalschutz von besonderer Bedeutung. Ziele waren die Sanierung und Belebung des Renaissance-Wasserschlosses von Großkmehlen und seines Areals durch gemeinsame Definition und Realisierung von Förderprojekten. Aufgaben der Gemeinde waren hierbei entsprechender Landerwerb im Schlossareal und die Verlagerung von Gemeindefunktionen hierher, wie Feuerwehr, Versammlungs- und Veranstaltungsräume, Schulräume und Parkplatz.

Ich kandidierte 2019 nicht mehr als Bürgermeister. Ich hätte in der dritten Wahlperiode mein achtzigstes Lebensjahr überschritten und hielt das für fragwürdig.

Außerdem benötigte ich Zeit für die Absicht, einige sehr unterschiedliche erlebte Episoden in verschiedenen Deutschlands für meine Enkel aufzuschreiben.

Das Luftbild des Renaissance-Schlosses wurde im Mai 2023 durch die Deutsche Stiftung Denkmalschutz aufgenommen. Es belegt erreichte Fortschritte bei der Sanierung des Schlossareals Großkmehlen durch Projektkooperation zwischen der Gemeinde und der Deutschen Stiftung Denkmalschutz. Die Luftaufnahme erfolgte aus Richtung nordwest nach süd-ost, im Hintergrund der östliche Gutshof.

Danke

Gestützt auf ein umfangreiches Konvolut persönlicher Briefe und Dokumente habe ich seit 2019 „Biografische Episoden aus verschiedenen Deutschlands", die mir auch aus heutiger Sicht eine Mitteilung wert sind, zusammengetragen. Ich stellte dankbar fest, dass ich trotz einiger harter Rückschläge einen erfolgreichen Lebensweg beschreiten durfte. Das war nur möglich, weil ich immer wieder in den verschiedenen Deutschlands auf verständnisvolle Menschen traf, die mir dabei halfen, Klippen zu überwinden. Ich danke diesen guten Geistern, deren Namen ich schon teilweise vergessen hatte und deren segensreiches Wirken mir erst jetzt, oft nach Jahrzehnten, voll bewusst wurde, von ganzem Herzen!

Vor allem danke ich aber meiner Frau Jeanette, die es mit großer Geduld ertragen hat, dass ich mich in den letzten Jahren oft häuslichen Pflichten „wegen Aktenstudiums" entzogen hatte und die mir außerdem noch bei meiner Suche nach textlicher Formulierung half. Sehr wichtige Anstöße zur Aufnahme der Arbeit an diesem Vorhaben verdanke ich Herrn Dr. Lutz Hoffmann, Hamburg, sowie Herrn Dr. Christoph Gericke, Chemnitz.

Ich hoffe aber auch auf junge Leser, die vermutlich angesichts anderer als der von mir beschriebenen Probleme eine Motivation für eigene Hoffnung sehen könnten.

HERZ FÜR AUTOREN A HEART FOR AUTHORS À L'ÉCOUTE DES AUTEURS MIA KAPΔIA ΓIA ΣYΓΓ
FÖR FÖRFATTARE UN CORAZÓN POR LOS AUTORES YAZARLARIMIZA GÖNÜL VERELIM SZ
PER AUTORI ET HJERTE FOR FORFATTERE EEN HART VOOR SCHRIJVERS TEMOS OS AUT
INKÉRT SERCE DLA AUTORÓW EIN HERZ FÜR AUTOREN A HEART FOR AUTHORS À L'ÉCOU
BCEЙ ДУШОЙ К ABTOPAM ETT HJÄRTA FÖR FÖRFATTARE Á LA ESCUCHA DE LOS AUTC
MIA KAPΔIA ΓIA ΣYΓΓPAΦEIΣ UN CUORE PER AUTORI ET HJERTE FOR FORFATTERE EEN

Der Autor

Der 1944 in Neusalz an der Oder (im heutigen Polen) geborene Gerd Müller-Hagen wuchs nach der Flucht seiner Familie infolge des 2. Weltkrieges in der DDR auf. Neben der Ausbildung zum Chemiefacharbeiter holte er an einer Abendschule das Abitur nach und studierte Chemie. Trotz einer zwischenzeitlichen politischen Inhaftierung gelang es ihm, zu promovieren. Er sammelte Erfahrungen in der Landwirtschaft, die ihm im Jugend- und jungen Erwachsenenalter in der sozialistischen Landwirtschaft zugutekamen. Er arbeitete als Gruppenleiter in der Forschung des Synthesewerks Schwarzheide, übernahm auch nach der Wende in dem von der BASF übernommenen Werk leitende Aufgaben und sammelte international Erfahrungen. Ferner war er seit den 1990-er Jahren für verschiedene Verbände und Forschungsinstitutionen in beratender Tätigkeit aktiv. Von 2008 bis 2019 arbeitete er zudem als ehrenamtlicher Bürgermeister der Gemeinde Großkmehlen (Brandenburg).